Ateya

PELE

Weckruf der Vulkangöttin

Bitte fordern Sie unser kostenloses Verlagsverzeichnis an:

Smaragd Verlag
In der Steubach 1
57614 Woldert (Ww.)
Tel.: 02684.97848-10
Fax: 02684.97848-20
E-Mail: info@smaragd-verlag.de
www.smaragd-verlag.de

Oder besuchen Sie uns im Internet unter der obigen Adresse.

© Smaragd Verlag, 57614 Woldert (Ww.)
Deutsche Erstausgabe Januar 2010
Fotos Cover:
© NorthShoreSurfPhotos - Fotolia.com
© Dhoxax - Fotolia.com
Umschlaggestaltung: preData
Satz: preData
Printed in Czech Republic
ISBN 978-3-941363-05-2

Ateya

PELE

Weckruf der Vulkangöttin

Smaragd Verlag

Über die Autorin

Ich bin Jahrgang 1983 und trage seit meiner Kindheit das Gefühl und das Wissen in meinem Herzen, von den Sternen zu kommen und begleitet zu werden.
Pele begegnete mir im März 2008, als ich aus wundervollen Gründen nach Hawaii, Big Island, zu den Delfinen und dem türkisfarbenen Meer und zu ihr, der Göttin, geschickt wurde.

Sie erschien mir in einer Meditation und stürmte voller Elan und Kraft, die mich umhaute und zu tiefsten Tränen rührte, aus dem Meer und war wie loderndes Feuer. Ihrer Liebe konnte sich mein Herz nicht entziehen, und sie gab mir unter anderem zu verstehen, sie würde mich begleiten, und ich wäre eine ihrer Schwestern. Viele Monate später bat sie mich, dieses Buch mit ihr zu schreiben.

Ich bin unendlich dankbar dafür, dass sie und andere Lichtwesen jeden Tag meines Lebens so unermüdlich an meiner Seite waren und mit mir durch dick und dünn gegangen sind, mir so großartige Lehrer und immer ein Zuhause waren. Danke für eure unermessliche Liebe!

Ateya

Inhaltsverzeichnis

- Vorwort 7
- Der Aufruf 9
- Die Flamme meiner Liebe 13
- Die Liebe meiner Schwestern 17
- Die Flamme deiner Liebe 20
  - Aufruf deines Göttinnen-Selbst 23
- Über Materialisieren und Manifestieren und die Aufgabe von Kontrolle 25
  - Meditation – Begegnung mit Delfinen 30
- Dem Ursprung nahe 33
- Dein Leben 40
- Über Klarheit und Reinheit 44
  - Meditation – Loslassen in meinem Vulkan 51
- Kein Weg zu weit 56
- Der Segen von Pele 61
- Vom Sterben und der Wiedergeburt *oder* Vom Tod und dem Leben danach 62
- Über das Paradies 66
  - Meditation – Sei eine Weberin 69
- Mann und Frau 72
- Arcturus und Sirius 75
- Ho´oponopono 80
- Wunder 84
  - Meditation – Wunder 89
- An Indigokinder 94
- Glück 99
  - Meditation – Glück 103

- 2012 105
  - Meditation – Reise in die Zeit nach 2012 110

- Buchempfehlungen 115
- Kontakt 116

Vorwort

Liebe Leserin, lieber Leser,
Aloha zu diesen, von Herzen geschriebenen Zeilen von mir, Pele, der Vulkan- und Feuergöttin aus Hawaii.

Es ist mir ein Anliegen, zunächst einige einleitende Worte an euch zu richten.

Diese Zeilen sind für euch aus meinem innersten Anliegen heraus entstanden, meine Schwestern und Töchter wieder mit mir, aber vor allem mit der ihnen innewohnenden Feuerkraft zu verbinden und diese zu erwecken. Dieses gilt sowohl für Frauen als auch für die Frau im Mann. Bitte fühlt euch gleichermaßen eingeladen, willkommen geheißen, als auch gerufen, getragen und begleitet von mir.

Bitte lest diese Zeilen mit eurem Herzen und nehmt Rücksicht darauf, dass meine Worte durch Ateya durchgegeben wurden und somit ihre Sprache den Ausdruck dieses Buches mitgestaltet hat. Diese meine Worte dienen der Unterstützung auf deinem Weg und erreichen dich individuell, aber stets in deinem Herzen.

Es ist eine besondere Zeit, in der wir uns momentan alle auf dieser Erde befinden, und auch ich sende meinen Segen und meine Liebe in euer Herz, damit ihr euch wieder erinnert, wer ihr seid. Es geht um euch, nicht um mich.

Nehmt meine Worte als Geschenk einer liebenden Freundin, Schwester, Frau und Geliebten und ehrt und weckt die Göttin in euch zu neuem Leben.

Mögen dieser Segen und diese Zeilen euch in eurem Herzen erreichen und euch beschenken, bereichern und inspirieren.

Ich segne euch mit dem Feuer der Liebe, der Wahrheit, des Erwachens, der Würdigung und der Reinheit, der Freundschaft, des Mutes und der Lebenskraft. Glück und Wunder sind mit euch in euch.

ICH BIN Pele

Der Aufruf

Meine geliebten Schwestern und Töchter, es ist so weit, die Zeit ist reif, dass ihr euch wieder erinnert an das, was ihr seid, an euer Zuhause, an eure Energie und Kraft, die euch innewohnt und ausmacht.

Ich, Pele, die Göttin des Vulkans auf Hawaii, möchte euch begleiten auf eurer Reise zurück in die Zeit, zurück in eure Erinnerung an eine vergangene Zeit, in der die Frauen mächtige Kriegerinnen, Priesterinnen und Heilerinnen waren. Ich möchte euch zurückführen in eine Zeit, in der ihr noch verbunden wart mit der Göttinnenkraft eures Heimatsterns und Heimatplaneten. Ich möchte auf diesem Weg die Gelegenheit und die Zeit nutzen, meine Kriegerinnen, Schwestern und Töchter, meine Priesterinnen und Heilerinnen zu wecken, zu rufen.

Durch Raum und Zeit herrscht ein Platz in der Unendlichkeit, der euch den Raum gibt, die Krone aufzusetzen, die euch zusteht.

Wir standen vor Äonen an Zeiterfahrungen- und qualitäten, Bedürfnissen und Entwicklungen, und hielten Wache über jede Plage, die uns unserer Klarheit und Reinheit berauben wollte.

Wir wollten den Weg mit euch gehen und haben viel Leid gesehen, viel Schrecken und Angst, viel Verbiegung und Furcht.

Das Leiden hat längst ein Ende, und wie wahr, es ist Zeit für euch, wieder aufzuerstehen in neuem Glanz und mit der Göttin, die alles erschaffen hat, erneut zusammenzuarbeiten für alle Zeit.

Darum rufe ich euch auf:

Wacht auf aus dem Schlaf der Ewigkeit.
Wacht auf aus dem Traum des Träumers.
Wacht auf, wacht auf.
Erwacht zu neuen Taten.
Lasst eure Weiblichkeit in euch sprießen wie die Wunder der Natur.
Gebt eurer Weiblichkeit den besten und heiligsten Ausdruck, der euch möglich ist.
Lasst euch ein auf das Wunder, zu euch selbst zurückzukehren.

Zur Erschaffung der Natur, des Lebens seid ihr eingeweiht und bereit, den Weg zu gehen, voller Kraft und Reinheit.

Wer mich ruft und meine Worte spricht, der wird meine Unterstützung erhalten.

Es brennt tief das Feuer in dir, das Feuer der Entfachung einer anderen Welt, einer anderen Zeit.

Es brennt in deiner Seele, in deinem Herzen und sehnt

sich nach einer anderen Zeit, nach einem anderen Ort, einem anderen Sein, einer anderen Realität.

Wir gemeinsam werden es für dich erschaffen und kreieren, deinen heiligen Platz und Ort auf diesem Planeten meiner Schwester Gaia zu finden.

Sie streckt dir ihre Arme entgegen und nimmt dich in Obhut, hat sie dich doch empfangen und getragen all die Zeit, die du in menschlicher Gestalt auf Erden wandeltest.

Lass dich umhüllen und ummanteln von ihrem Segen und lass dir sagen: Der Platz und ein Zuhause sind dir in ihren Armen gewiss.

Du wirst immer einen Platz in ihrem Herzen haben, und die Kommunikation zwischen euch kann immer stattfinden.

Sie verbindet dich mit der Liebe zu diesem Planeten, wie sie es einst gestattet und erlebt hat, neues Leben auf ihm zu gebären, ohne es zu bewerten.

So lass auch du deine Kinder und Vorurteile dem Leben und der Entwicklung gegenüber ziehen.

Keiner vermag über die Gründe und Ursachen für Schmerz und Leid, für Kummer und Angst zu urteilen.

Strecke dich dem Licht entgegen und richte dich auf, verlasse die Einsamkeit und gehe mit deinen Schwestern und Freundinnen einem neuen Tanz entgegen.

Feier das Licht, feier die Liebe und die Freiheit des Seins. Feier die große Göttin und ihre unendliche Gnade, ständig Leben zu gebären und den Zyklus der Inkarnationen aufrechtzuerhalten für die Seelen, die gekommen sind, um zu lernen, um sich selbst kennenzulernen und neu zu erleben.

Die Flamme meiner Liebe

ICH BIN Pele und schenke dir, meine geliebte Tochter und Schwester, das Feuer meines Vulkans, die Reinheit und Kraft meiner Liebe, die Ehrlichkeit meines Herzens. Stell dich selbst in dieses Feuer und fühle seine Kraft.

Erinnert es dich an die Erfahrung, als Hexe einst verbrannt worden zu sein? Oder schützt dich dieses Feuer, diese meine Kraft, meine Leidenschaft und Glut vor allem Unreinen, was sich dir in den Weg stellt und dir auf diesem längst nicht mehr dienlich ist?

Es ist mir eine Freude, dich in dieser meiner Kraft zu sehen und zu fühlen, was sie in dir verändert.

Nun stell dir in dieser Flamme, in dieser Kraft, die Frage, was du wirklich willst. Was willst du wirklich als Frau, als Tochter, als Mutter, als Schöpferin und Heilerin, als Versorgerin und Lehrerin, was willst du wirklich? Was willst du erschaffen? Was ist dein Herzensblut, was offenbart sich dir in der Tiefe deines Herzens?

Bitte nimm dir die Zeit und finde dieses zunächst für dich heraus.

Öffne dein Herz, hole dir Stift und Blatt, wenn du möchtest, und verbinde dich mit deinen wahren Herzenswünschen.

Verbringe etwas Zeit mit ihnen beziehungsweise werde dir ihrer bewusst.

Meine lieben Schwestern, ich bin bereit, euch ein Geschenk des Lebens zu schenken.

Viele von euch sind in ihrer Spiritualität getrennt von der Schönheit und der Liebe der Materie. Viele erwarten das große Glück, sind aber nicht verbunden mit der Ebene oder dem Bewusstsein der Materie, der Dichte und den Richtlinien der Erde. Ich möchte euch helfen, euch wieder damit zu verbinden, wenn ihr spürt, dass die Kluft zwischen Wunsch und Realität immer größer wird.

Hierfür werde ich mich nach eurem Wunsch zunächst mit euch verbinden.

Geht zunächst die mentalen Reisen in diesem Buch durch, oder beginnt mit dieser Wandlung, die ich euch anbieten kann. Ihr werdet Energien spüren, – lasst sie auf euch wirken.

Öffnet euer Herz und erlaubt, dass ihr die Illusion der Trennung, die ihr selbst erschaffen habt, nun loslassen könnt und wollt.

Weitet euer Herz und ruft die Liebe der Materie, sie möge zu euch nach Hause kommen in euer Herz. Ruft die Liebe dieser materiellen Welt, eures Körpers und der Zellen. Ruft das Wunder des Lebens, die materielle Welt, ruft die Schöpferin und Verwalterin dieses Planeten. Ruft die Schöpferwesen und die Göttlichkeit, die an der Erschaffung dieser dichten Materie teilgehabt und sie erschaffen haben.

Lass die Energien in dein Herz fließen und sprich aus, dass du ihr erlaubst, in dein Leben zu fließen, sie genügend Raum und Platz hat und sich frei entfalten kann, wie sie möchte.
Lass es einfach fließen, in dich, durch dich und aus dir heraus.

Rufe das Glück und das Wunder des Lebens.
Rufe die Liebe des Glücks und die Liebe des Wunders.

Lade es ein, in dir zu fließen und wieder bei dir zu Hause in deinem Herzen anzukommen. Es fließt ein, durch dich hindurch und aus dir heraus.

Lenke es nicht, schenke ihm die Freiheit und gib diesem Wesen den Raum und den Platz.

Erzwinge nichts, begib dich in einen Zustand von Seligkeit und Frieden.

Fühle, wie alles eins ist und du in deinem Herzen eigentlich niemals getrennt davon warst.

Gib die Erlaubnis, dass die Ebenen für dich bewusst miteinander verschmelzen und du die Illusion der Trennung loslässt.

Gib die Erlaubnis, aus deiner Sicht der Dinge aufzuwachen.
Atme.

Du brauchst nichts zu tun. Du wirst genau spüren, wann etwas gehen will und wann es kommt. Du lässt es in alle Richtungen fließen, und wenn du spürst, es blockiert irgendwo, gib die Erlaubnis zur Öffnung in diese Richtung.

Wenn die Zeit für dich aus deinem Tiefsten reif ist, dann wirst du nun aus einer anderen Warte dich und das Leben in deinem Körper in der Materie betrachten können, und du wirst dich sehr wohl, glücklich und verbunden fühlen.

Es ist immer ein individuelles Erlebnis und darf dir dabei dienen, mit dir selbst, als Mensch und wissende Göttin, in deinem Leben glücklich und verbunden mit allem Sein zu sein.

Die Vereinigung deines Herzens mit der materiellen Welt und Ebene, mit der Erde und all ihren Schöpfungen darf dir dienen, dich ganz zu fühlen und dein Leben leichter und in dir integrierter zu erleben.

Schön, dass du den Weg zu mir gefunden hast.

Die Liebe meiner Schwestern

Ich lade dich ein, mich in deiner Imagination auf Hawaii, Big Island, zu besuchen.

Ich lade dich ein, dich neben meine Feuerflüsse zu stellen und auf das Meer zu schauen.

Ich lade dich ein, mich zu rufen und zu bitten, an deiner Seite zu sein, damit Klärung geschehen kann.

Ich werde da sein, ich werde dir erscheinen und dich segnen.

Ich werde meine Feuerkraft der Klärung über dich ergießen und mit dir gemeinsam nach einem Weg für deine Zukunft schauen.

Ich rufe nun für dich:

„Meine **Schwester Sonne**, erstrahle für deine Schwester und Tochter. Schenke ihr dein Licht des Segens, das ihr Herz öffnet, segnet und sie immerfort wärmt.
Schenke ihr das Licht in den Augen, in dein Gesicht zu sehen, und vereine deine Liebe mit der ihren, bis es ganz warm um ihr Herz wird.

Meine **Schwester des Meeres**, ich rufe dich, erscheine mit deinen Freunden des Meeres, den Delfinen und

Walen, den Fischen und Schildkröten, und schenke deiner Tochter und Schwester die Kraft der Unendlichkeit.

Verbinde dich mit ihrer Unendlichkeit des Seins und lass sie eintauchen in die Freude und Leichtigkeit des Seins.

Schenke ihr deinen Segen.

Meine **Schwester Maat**, du Göttin des Universums, ich rufe und bitte dich, deiner Tochter und Schwester deinen Segen zu schenken. Verknüpfe sie mit dem All, mit dem Netz der unendlichen Existenz zwischen den Welten, zwischen Raum und Zeit und den Ozeanen und Welten der Schöpfung und Existenz.

Erstrahle deinen Segen der Weisheit über sie.

Meine **Schwestern Isis** und **Schwester Gaia**, ich rufe dich, du Mutter des Kosmos und der Sterne, und ich rufe dich, du Mutter der Erde. Ihr beide seid in den Weiten der Sphären untrennbar miteinander vereint.

Ich erbitte euren Segen für eure Tochter und Schwester. Erweckt sie aus ihrem tiefen Schlaf der Wandlung, aus ihrem Schlaf der Hoffnungslosigkeit und Trauer."

Die Göttinnen sprechen nun zu dir:

"Wir alle haben uns nun hier zusammengefunden, um dich aufzunehmen in unsere Reihen.

Um dir ein Zuhause zu schenken, um dich an die Zugehörigkeit deines Seins zu erinnern und es zu wecken.

Frage uns nun, was du wissen möchtest, wir werden dir Antworten geben."

Jede Göttin spricht nun die Worte einzeln zu dir:

„Meine Tochter und Schwester, ich segne dich mit meiner Liebe."

Lass diese Segnungen auf dich wirken. Nimm dir Zeit, genieße den Augenblick und dieses Erlebnis. Hast du den Segen empfangen und spürst, dass sie dir gegeben haben, was sie wollten, und du angenommen hast, was sie dir gaben, bedanke dich von Herzen für ihre Gnade.

Verabschiede dich nach deiner Begegnung mit den Göttinnen und kehre in dein Tagesbewusstsein zurück.

Nachdem du neu geboren wurdest, wirst du vermutlich das Gefühl von Brennen überall auf deiner Haut, in deinem Herzen und in deinem Körper spüren. Das ist ein Zeichen für Klärung, Schärfung und Ausrichtung der Sinne, Fähigkeiten und deiner Herzflamme.

Die Göttinnen werden nun weiterhin in deinem Tagesbewusstsein mit dir arbeiten, womöglich sogar in deinen Träumen.

Die Flamme deiner Liebe im Herzen

Pele, die Göttin, spricht weiter:

Meine geliebten Schwestern und Töchter, es brennt in meinem Herzen bei dem Gedanken an euch, an eure traurigen und schmerzvollen Erfahrungen.

So viele von euch haben ihr Licht verloren, haben sich geopfert oder ihre Liebe einem Mann geschenkt, den Kindern oder anderen Menschen und Situationen, sodass von der heiligen Flamme in ihrem Herzen nichts mehr übrig geblieben ist.

Deswegen möchte ich mich mit euch in eurer Imagination treffen und euch durch eine Meditation geleiten, in der ihr eure heilige Flamme des Herzens wieder für euch und eure Seele, für euer Sein und euer Leben, für euer Licht aktivieren könnt.

So viele von euch sind verschlossen im Herzen, so viele spüren dort keine Kraft mehr, spüren dort Traurigkeit und Verdruss, spüren Angst und Hoffnungslosigkeit, spüren Orientierungs- und Sinnlosigkeit.

Ihr wisst um die Erinnerung und um die Wahrheit, einmal eine schöne, anmutige, reine, kraftvolle, starke, ehrliche und liebevolle Göttin gewesen zu sein und stellt euch sehr oft in eurem Leben die Frage, wie ihr das Verlorene wieder einsammeln oder erwecken könnt, und scheitert doch an eurem eigenen „Versagen", an eurem eigenen Leid und eurer Ratlosigkeit.

Die Funken, die indessen zu euch durchdringen, wecken in euch nur noch mehr den Schmerz der Trennung von eurem wahren, kraftvollen Göttinnen-Sein, und ihr merkt, wie diese Erinnerung immer mehr und mehr verblasst, angesichts dessen, was ihr in eurer Realität, in eurem äußeren Bewusstsein erlebt.

Dieses ist ein Aufruf an euch, schreit um Hilfe! Schreit um Hilfe, lernt zu sprechen! Lasst es nicht in eurem Hals stecken, lasst es nirgendwo stecken und ersticken!

Erstickt euch nicht selbst, ruft, fleht und bittet um Hilfe, um euer selbst willen, verleiht euch Sprache.

Nehmt den Mund und sprecht zu euch selbst ganz laut aus, was ihr braucht. Hilfe! Und sprecht es aus!

Sprecht eure Sorgen und das, womit ihr nicht weiterkommt und was ihr satt und dicke habt, laut aus!

Hört auf, es weiterhin zu schlucken, zu erdulden und stumm zu halten.

Ihr haltet euch stumm, ihr haltet euch bedeckt und könnt spätestens dann nicht mehr ehrlich mit anderen Menschen umgehen, weil ihr selbst nicht ehrlich zu euch gewesen seid. Es fängt bei euch an. Sprecht es aus, ruft es laut!

Wir werden da sein.

Spürt unsere Energien, spürt unser Herz und unsere Liebe, die euer Herz berührt, und spürt die Klärung, die Befreiung, die Reinigung, die geschieht.

Spürt, wie sich die Tore öffnen.

Hört auf, euch selbst zu ersticken, euch die Luft zum Atmen und zum Reden zu nehmen, hört auf, euch selbst einzuengen.

Sprecht es laut aus, singt es, spuckt es, lasst es aus euch herauskommen, aus eurem Mund!

Die Sprache ist das Tor zur Kommunikation mit eurem Herzen. Sprecht ihr Informationen laut aus, kann Wandlung geschehen. Traut euch, seid mutig und beharrlich, für euch selbst! Traut euch, eure Zweifel auszusprechen, mit euch selbst ins Gespräch zu gehen.

Ich, Pele, sage dir, es gibt neben uns als Helfer noch einen Teil in dir, der die wahre Göttin ist, die du bist. Diese Göttin kann dir helfen.
Und diesen Teil werden wir rufen.

Aufruf deines Göttinnen-Selbst

Begib dich in deiner Imagination auf meine Insel an einen weißen Sandstrand am Meer. Genieße den Augenblick, das türkisfarbene, ruhige und klare Meerwasser, die Sonnenstrahlen und den Gesang der exotischen Vögel. Entspanne dich und atme diesen Augenblick ein.

Rufe uns Göttinnen nach deinem Gefühl und danach, bei wem du um Hilfe bitten willst, es sei dir freigestellt, rufe jedoch bitte mindestens zwei Göttinnen zu dir. Wir werden dir an diesem Strand erscheinen.

Bitte uns darum, dein Göttinnen-Selbst zu erwecken und dich mit ihm in Verbindung zu bringen. Wir sprechen dann die Worte:

„Wir Göttinnen rufen und erwecken die Göttin in dir.

Wir ehren und schätzen und lieben die Göttin in dir, denn sie ist unsere Schwester und Tochter.

Bitte erscheine, du wahrhaftige Göttin dieser unserer Tochter und Schwester!"

Nimm wahr, wie sie von irgendwo nun herkommt und vor dir steht, und du weißt, das bist du.

Du weißt, du willst wieder diese Frau werden und das

Wissen leben, das du mitbringst aus ferner Vergangenheit und naher Zukunft.

Du kannst dir diese Göttin immer rufen, ihr Fragen stellen und sie bitten, sich mit dir zu vereinen. Stell deine Fragen. Umarme diese Göttin oder lass dich umarmen. Schau, was sie dir schenkt oder mit dir macht, schau, was es mit dir macht, dich so zu sehen.

Du kannst sie bitten, ihr Wissen mit dir zu vereinen, ebenso ihre Strahlkraft, ihre Anmut und Weisheit, Reinheit und Liebe.

Wenn du auf deinem Lebensweg nicht weiterweißt, frage sie um Rat, und sie wird dir ihre Hilfe gewähren.

Bedanke dich und kehre in dein Tagesbewusstsein zurück.

Über Materialisieren und Manifestieren und die Aufgabe von Kontrolle

Wer möchte es nicht, dass sich seine Wünsche erfüllen. Wer möchte nicht die Kraft und Fähigkeit haben, sich das schönste Leben zu kreieren, das man sich vorstellen kann.

Ich, Pele, sage dir, das Problem dabei ist das Problem der Zeit.

Ich möchte es euch folgendermaßen erklären:

Selbst mein Wunsch, so schnell wie möglich mit meinem Feuer und meiner Lava ein Haus zu zerstören, das mich mit seinem Sein und seinen Menschen verseucht, braucht seine Zeit. In diesem Punkt bin selbst ich machtlos.

Ich kann mir mit all meiner Kraft meinen Weg bahnen – aber es braucht seine Zeit. Das ist der Punkt.

Auch ein menschlicher Körper kann nicht von einem Tag auf den anderen von einer Achtjährigen zu einer Dreißigjährigen heranwachsen. Es ist eine stetige Veränderung, das ist die Materie, die ihr Tempo hat. Wir können und ihr könnt in anderen Zeitgefügen eine andere Realität spinnen, aber der Zeitfaktor wird euch immer erhalten bleiben.

Einige Dinge geschehen schneller als andere. Darauf habt ihr keinen Einfluss, es ist die Materie, die Dichte, die nun mal ist, wie sie ist.

Das ist Gaia.

Ihr könnt sie ehren und lieben, wie sie ist, mit ihrem Tempo erschafft und gebärt, sie schätzen und würdigen, mit ihr mitgehen und in Einklang mit ihren Gesetzen leben, oder ihr könnt sie bekriegen und kontrollieren, ausbeuten und benutzen.

Dieses Verhalten zeigt sich auch in eurem Kopf im Umgang mit eurem Leben.

Erzwingt ihr Wunder, oder lasst ihr sie geschehen, gebt ihr ihnen die Zeit, die sie benötigen, um in einer unbeschreiblichen Perfektion zu euch zu kommen? Erzwingt ihr Veränderung, oder ehrt und schätzt ihr den Raum und die Zeit, die sie braucht.

Würdigt ihr oder verletzt ihr?
Wie wollt ihr euch verhalten?
Und wie wollt ihr selbst behandelt werden?
Wie wollt ihr, dass euer Mann mit euch umgeht, oder eure Kinder oder Arbeitskollegen? Wie wollt ihr behandelt werden?

Und dann schaut euch an, wie ihr euch selbst behandelt, oder schaut euch gar an, wie ihr in euren Gedanken ungeduldig mit der Materie seid, mit der Natur oder den Menschen aus den Nachrichten im Fernsehen.

Schaut euch an, wie ihr am Morgen vor dem Spiegel steht und euch fragt, warum eure Nase so krumm oder eure Haut so unrein ist. So unperfekt und kritisierend ihr mit euch selbst umgeht, so gehen auch die anderen mit euch um. Das fällt euch vielleicht nicht auf, aber ihr bewertet und gebt sehr oft vor, wie etwas zu laufen hat, wie etwas auszusehen hat, oder wie schnell und wie langsam Dinge stattfinden sollen.

Wenn ihr eine Krankheit habt, zum Beispiel Krebs, und ihr seid dabei, ihn durch eigene Kraft zu heilen, dann schreibt euch bitte nicht vor, wie schnell oder wie intensiv dieser Heilungsprozess zu geschehen hat, oder wie schnell oder intensiv diese Heilung sein soll.

Ehrt euch in Gedanken!
Gebt euch endlich Raum, Platz und Zeit!
Gebt euch Luft zum Atmen!

Atmet und schaut euch euren Ausgangspunkt an.

Gibt es etwas, das euch verärgert oder euch unglücklich stimmt, dann bittet euch selbst in diesem Augenblick, in dem ihr euch Raum, Platz und Zeit gebt, um einen neuen Weg, anstatt euch immer weiter in etwas zu verrennen.

„Bitte, geliebtes Ich, gib mir einen neuen Weg", – könnte beispielsweise die Bitte lauten.

Und dann seht, was geschieht, was ihr wahrnehmt.

Das bedeutet, raus aus der Kontrolle, etwas zu wollen, in die Entspannung hinein.

Ihr lasst es los, und es entspannt sich, und gleichzeitig zeigt sich euch ein neuer Weg, und ihr habt aufgehört, euch zu verrennen und etwas in eine Form oder einen Zeitrahmen pressen zu wollen.

Ich, Pele, verstehe eure Anliegen, den Kummer und den Schmerz.
Ich sehe eure Hüften, wie sie Schwierigkeiten haben, euch zu tragen.
Ich sehe eure Tränen und eure Verbitterung.

Und doch wurde der Anfang längst von euch gemacht. Nun werdet nicht ungeduldig, sondern richtet euch auf einen neuen Weg aus.
Dieser Weg schenkt euch neue Erkenntnisse. Vertraut diesem neuen Weg einfach, ihr müsst den Inhalt nicht kennen. Er wird zum richtigen Zeitpunkt als Wissen und Information in euch hineinfließen, und ihr werdet wissen, sobald die Zeit dafür gekommen ist.

Ihr lasst es einfach geschehen. Es geschieht mit euch,

es richtet sich neu aus, und das braucht seine Zeit. Und in dieser Zeit fühlt euch getragen und geborgen.

Ich empfehle euch eine Meditation, die euch das Gefühl von Urlaub vermitteln wird.

Meditation – Begegnung mit Delfinen

Stell dir vor, du wärest auf Hawaii und besuchst dort das Meer.

Du gehst auf weißem, weichem und warmem Sand, und neben dir siehst du den kleinen Wellen des türkisfarbenen Meeres beim Spielen zu.

Darunter siehst du Korallenriffe und sonderbare exotische Fische schwimmen. Du gehst den Strand entlang und blickst in die Sonne, und du fühlst dich wohl und wünschst dir, für immer diesen Frieden und diese Klarheit fühlen und erleben zu können.

Du bist allein an diesem Strand, weit und breit ist niemand zu sehen.

Da es dir mit der Zeit zu warm wird, entschließt du dich, dir in dem türkisfarbenen Wasser eine Abkühlung zu genehmigen. Du gehst in das Wasser, und es fühlt sich angenehm warm auf deiner Haut an. Du fühlst dich wohl und gleitest dahin, schwimmst froh und entspannt und lässt es dir gut gehen. Von weitem siehst du Delfine auf dich zuschwimmen. Verspielte Delfine, du hörst sie rufen und singen.

Du bleibst am Ufer, sodass du gut im Meerwasser stehen kannst, und wartest, bis die Delfine zu dir kommen.

Dabei sind eine Mutter mit ihrem Kind und zwei weitere Weibchen, ihre Schwestern. Sie beginnen dich zu umkreisen und zu singen, zu pfeifen und ihre Töne von sich zu geben. Du berührst sie vorsichtig, und nach anfänglicher Unsicherheit fühlst du dich geborgen und sicher in ihrer Leichtigkeit.

Das Kind kommt zu dir hin, stupst dich mit seiner Nase an und singt.

Du streichelst es und fühlst dich glückselig und geborgen. Die drei spielen weiter, drehen sich im Wasser, und du freust dich über diese Begegnung. Nun kannst du, wenn du willst, Fragen stellen – die Delfine werden dir antworten.

Dann ist es Zeit für dich, aus dem türkisen Meerwasser zu steigen, und du siehst, wie auch die Delfine sich von dir verabschieden und sich weiter auf ihre Reise begeben.

Du gehst wieder auf dem weißen Sand entlang und legst dich auf dein Handtuch, lässt dich von der Sonne wärmen und kommst langsam wieder im Tagesbewusstsein bei dir an.

Nun kannst du hier weiterlesen:

Wenn du dich auf den Pfad des Materialisierens begeben und Informationen studiert und auswendig gelernt hast, die dich deinen langersehnten Träumen und Wünschen näherbringen sollen, dann vergiss dabei bitte nicht, authentisch zu sein!

Dem Ursprung nahe

Aus dir heraus gibt es eine Quelle, dein Bewusstsein, das die Wahrheit spricht. Es will die Wahrheit sprechen und kennt die Wahrheit, und du wirst in dir oft in Versuchung kommen, abgelenkt zu werden oder dem keine Beachtung oder nicht die richtige Aufmerksamkeit zu widmen, die von Vorteil wäre, damit du die Botschaften deiner tiefsten Wahrheit erkennst.

Aus dieser Verstrickung heraushelfen kann dir entweder ein anderer Mensch, oder die einfache Bitte um Befreiung aus deiner Verstrickung.

Richte deine Bitten an deine Helferinnen und Helfer der Geistigen Welt oder/und an deine Anteile, deine Aspekte und deine zukünftige Klarheit und Weisheit. Ich nenne sie deswegen zukünftig, weil du dir dessen zwar bewusst bist, dass du es längst bist, da es keinen Unterschied und keine Trennung zwischen Vergangenheit und Zukunft gibt, du dir jedoch in deinem momentanen Sichtfeld auf eine Art dessen nicht bewusst bist und es nicht zu verstehen vermagst.

Du kannst dir auch meine Hilfe holen, meine Reinheit und Klarheit werden deine Reinheit und Klarheit stärken. Du wirst durch die Begegnung mit mir auf einen Weg gelangen, er wird zu dir kommen, oder du wirst ihm von diesem Augenblick an entgegengehen. Verfehlen kannst du ihn nicht, da dein Wunsch so groß ist und wie Feuer in deinem Bewusstsein in dir lodert, selbst wenn du es nicht wie Feuer spürst. Du willst einem Ursprung nahe sein, du willst ursprünglich und mit deinem Ursprung verbunden sein und ihn fühlen und spüren, woher du kommst und was dich ausmacht!

Angekommen bei deiner tiefsten Wahrheit, spricht sie eine sehr klare Sprache.

Tue es, oder tue es nicht.
Tue es einfach, sei wertungsfrei und neugierig und mutig, dem Impuls nachzugeben, der dir diese Wahrheit enthüllt.

Schlafe ein wenig darüber, ruhe dich aus, freunde dich damit an und starte. Beginne damit, das zu erleben, was deine innere Wahrheit fühlt. Denn du wirst fühlen, was du aus deinem Herzen willst. Du wirst fühlen, was du erschaffen willst mit deinen eigenen Händen und deiner Liebe. Das kann alles sein, was ich mir jetzt nicht vorstellen kann, du dir aber sehr wohl.

Es gibt genügend Bücher, die über Materialisation geschrieben worden sind. Erforsche diese Wahrheiten, wenn du willst.

Mein Anliegen ist es, dich mit deinem Ursprünglichen zu verbinden, mit dem du eigentlich eins und verbunden bist, das dich trägt, schützt und hütet wie seinen Augapfel, du dich aber in diesem Zyklus von Geboren und Sterben in deinem Bewusstsein davon entfernst, dich selbst isolierst. Es gibt auch hier genügend Bücher, die über die Reise der Engel auf Erden, von Sternenwesen, von der Gründung der Erde und der Geschichte der Lichtwesen geschrieben worden sind. Im hinteren Teil des Buches habe ich einige Lektüren aufgeführt, die dir nützliche Informationen schenken können.

Um dein Bewusstsein zu erweitern, ist es hilfreich, wenn du dich dem Ursprung, deinem Ursprung, wieder nahe fühlst, wenn du das Gefühl hast, nach Hause zu kommen und zu dürfen, gleichzeitig aber dein Leben und deine Inkarnation, deine Erfahrungen als Mensch weiterbehalten möchtest, da du weißt, dass sie dir und auch anderen dienlich sind und waren. Und auch hier empfange und sehe ich meine Schwestern und Töchter, die aus den Flammen meiner Liebe geboren wurden und mit der Flamme meiner Liebe einen gemeinsamen Weg des Herzens und der Liebe gegangen sind.

Folge deinem Bewusstsein nun auf eine kleine Reise, auf die ich dich mitnehme, und folge in deiner Imagination einfach meinen Worten.

Die Reise zum Ursprung erfolgt in drei Schritten.

1. Wege des Herzens gehen
2. Absicht
3. Ankommen

Wenn der Rausch des Lebens dich im Alltag gefangen hält, dann schau gen Himmel und frage dich immer wieder, ob es nicht noch mehr gibt als das, was deine Augen zu sehen vermögen.

Ich bitte dich, nun deine Hand aufs Herz zu legen und die Absicht zu belegen, weiter in deine Zukunft schauen zu dürfen, weiter in eine andere Zeit, in einen anderen Raum reisen zu dürfen, in dem Sterne, Liebe und das reinste Lachen leben, wonach du dich in deinem Tiefsten sehnst.

Folge nun in deiner Aufmerksamkeit, in deiner Imagination, dem Rauschen eines Baches, dessen Anfang und Ende du nicht siehst und auch nicht zu erahnen vermagst. Dieser Bach ist klein, und du kannst gemütlich mit deinen Füßen in ihm waten. Du spürst das klare Wasser unter deinen Füßen, nachdem du hineingegangen bist. Die Landschaft um dich herum entspringt deiner Fantasie, sie kann Wald, Wiese, aber auch Stadt oder Steine sein, ganz wie du möchtest. Auch ich habe auf meiner Insel Bäche, und du bist herzlich eingeladen, diesen Ort bei mir zu besuchen.

Nun watest du ein wenig im Bach umher, und auch Fische kreuzen den Weg deiner Füße. Dann siehst du im Wasser auf dem Boden etwas Goldenes funkeln. Du hebst es auf, es ist ein goldener Stein. Du freust dich über diesen Fund und akzeptierst die Situation so, wie sie ist.

Es kommt nun ein großer, weißer Adler aus dem Himmel geflogen, der sich am Rand des Baches absetzt. Er ist so groß, dass du auf ihm sitzen kannst. Dieser Adler ist dein Freund und nimmt dich mit zu dem, was dein Ursprung ist. Er fliegt dich dorthin, trägt dich auf seinem Rücken. Du bist furchtlos und freust dich, auf so einem großen Vogel fliegen zu können. Du hältst dich fest an seinen Federn, und er fliegt mit dir schnell in die Lüfte. Du brauchst keine Angst davor zu haben, herunterzufallen, du bist sicher und beschützt. Er fliegt mit dir zu den Wolken hoch, und du siehst das faszinierende Schauspiel wie aus einem Flugzeug. Die Wolken sind wunderschön, und die Sonne lächelt euch an, während der Wind euch eure Geschwindigkeit bewusst werden lässt.

Dann fliegt der Adler auch schon wieder auf die Erde und landet an einem Ort vor einem Tor. Dieses Tor ist sehr lichtvoll, es ist in Portal, durch das du mit deinem Ursprung verbunden wirst, sobald du es durchschritten hast. Du bist mutig, steigst vom Adler herab und gehst mit geschlossenen Augen durch das Tor. Sobald du das Portal durchschritten hast, spürst du, wie starke Energien durch deinen Körper fließen und du wieder hier bist, in dieser

Welt, und du könntest auch die Augen aufmachen, wenn du wolltest. Diese Energien sind deine Ursprungsenergien, und du hast sie nun aktiviert, indem du durch dieses Portal gegangen bist. Es sind so starke Energien, dass du wieder das Gefühl hast, zu brennen und unter Strom zu stehen.

Du lässt es mit dir geschehen und bittest mich darum, dir zu erscheinen, um dir Fragen zu beantworten, oder um einfach nicht alleine zu sein. Mehr braucht nicht zu geschehen. Du hast nun deinen Ursprung in dir aktiviert, und er arbeitet und verbindet sich nun mit dir.

Bei dieser Imagination geht es darum zu erkennen, dass es wichtig ist, im Jetzt anzukommen, in der Ausgangssituation, aber durch das Durchschreiten eines Portals eine neue Lebens- und Seelenerfahrung zu aktivieren und diese durch das prompte Zurückkehren in die Realität mitzunehmen. Es wird sich nun wandeln. Versuche nicht, in eine alte Sicherheit zurückkehren zu wollen, oder Fragen über das Wie und Was zu stellen. Akzeptiere dieses Erlebnis und mache es dir bequem. Gehe in der Natur spazieren oder höre Musik, zünde dir eine Kerze an, oder schlafe oder gehe etwas essen, gehe alltäglichen Dingen nach, die dir jetzt im Moment guttun würden.

Du kannst, so oft du willst, dieses Portal durchqueren,

bis du von alleine das Gefühl hast, dieses Hilfsmittel nicht mehr zu benötigen.

Es wird sich etwas in deinem Unbewussten verändern und dich „wachrütteln" aus deiner Starrheit in ein fließendes Sein, manchmal ohne Halt, aber dennoch sicher und getragen von diesem Ursprung. Es ist ein Weg, dich wieder von deinem Ursprung getragen, gehalten, berührt, gesehen und verbunden zu fühlen. So lange, bis du dich an die Flügel oder an diese Ebene der angeblichen Haltlosigkeit gewöhnt hast, sich der Körper angepasst hat. Dann allmählich fühlst du dich wirklich getragen und verbunden und kannst mit immer weniger Problemen oder Abwehr die alten Sicherheiten loslassen und ablegen. Wer sagt, dass dieses Fliegen keine Erdung hat?

Es ist ein Getragenwerden von der Schöpfung der Erdung!

Viel Freude bei deinen Erfahrungen, ich und meine Schwestern stehen dir jederzeit in deiner Imagination mit Rat und Tat zur Seite!

Dein Leben

Dein Leben ist eine Manifestation aus verschiedenen Bereichen der Sinne. Du kannst schmecken, tasten, tanzen und gehen, singen und hören, fühlen und selbst Flüssigkeiten abgeben. Die Natur schenkt dir mit all ihren Freunden ein wahres Lebenselixier, sind sie doch alle mit ihrem Ursprung verbunden, ernähren sie sich von Licht und Wasser. Auch ich habe die wundervolle Natur erschaffen und immer wieder wachsen sehen. Auch ich liebe sie sehr, diese Vollkommenheit und Reinheit. Und es verletzt mich, wenn Menschen dem schaden wollen oder Menschen achtlos mit dem, was ihnen gegeben ist, umgehen.

Jeder und jedem von euch schenkte Gaia ein Zuhause. Einen Ort, den sie für euch geschaffen hat, damit ihr als Reisende hier sein könnt. Missachtet ihre Geschenke und Gaben nicht. Ehrt alles. Segnet ihre Steine und ihre Materialien, die euch auch Kunststoff erschaffen lassen. Es entstammt alles ihr. Selbst die Technik hat ihren Ursprung auf ihr, denn selbst das Künstliche hat Anfangsmaterialien von dieser Erde, sonst würde es nicht erschaffen werden können.

Seht alles als Geschenk: das Sofa, auf dem ihr sitzt, egal, aus welchem Material, oder der Tisch vor euch, oder das Glas in eurem Fenster. Gaia schenkt euch diese Materialien, damit ihr etwas kreiert, damit ihr euch wohlfühlt während eures Aufenthalts auf ihr. Wie und was ihr daraus gemacht habt, ist eine Sache der Menschen, aber sie hat dazu die Erlaubnis gegeben, euch frei entfalten, erforschen und entwickeln zu können. Und das war auch eine Erfahrung für sie, die sie nie bereut hat. Und sie freut sich über jedes Bewusstsein, das sie ehrt und ihr dankt und sie nicht außer Acht lässt oder als Sklave abtut. Am Ende geben wir ihr diese Hülle zurück, die sie uns zur Verfügung gestellt hat, und wenn wir möchten, kommen wir sie erneut besuchen, um zu erleben und zu lernen, was wir möchten (oder nicht). Sie ist eine wunderbare Mutter und schenkt euch wundervolle atemberaubende Erfahrungen der Sinne, die sie und euch glücklich machen.

Auch ich, Pele, bin hier mit meiner Aufgabe, um meine Erfahrungen zu machen. Ich bin eine Lehrerin, genauso, wie ich eine Geliebte bin und meiner Leidenschaft nachgehe. Für euch Menschen sollten mein Tun und Existieren ein Symbol sein für das, was in eurem Herzen stattfindet.

Dort nämlich lebt das wahre Paradies, nach dem ihr euch sehnt. Es ist in eurem Herzen. Dort ist der Vulkan, der Unreinheiten aufspürt, und wenn es ihm erlaubt wird, vernichtet. Dort ist das Feuer, das für die Liebe und das Leben brennt. Dort ist die Vielfalt der Natur, dort ist das wahre Leben, das euch nährt und euch euer Seelenheil und euren Frieden schenkt. Dort sind die Delfine, also eure Leichtigkeit und Freude. Dort in eurem Herzen ist das weite Meer, die Unendlichkeit eures Seins und eurer Liebe, eure unendliche Wahrheit, und dort ist auch Gott zu

Hause, die Schöpferin und der Schöpfer in ihrer Unendlichkeit, Weite und Liebe.

Dort ist die Sonne, die strahlt wie deine Liebe, dein Herz, deine Freude, dein Vertrauen und dein Mut, wenn du es geschehen lässt. Dort sind die unschuldigen Kinder, die Papayas von Bäumen essen, tanzen und am Strand spielen, wie es dich an deine eigene Kindheit und dein eigenes Kindsein erinnert, die Unbefangenheit und Neugier zu entdecken. Dort sind die Hochzeiten von unendlich glücklichen Paaren, am Strand bei Sonnenschein mit Blumenkränzen und ursprünglicher Musik, wie die Sehnsucht in deinem Herzen nach dieser Erfahrung. Es ist in dir, du kannst es jederzeit in deinem Herzen spüren, es ist längst da, du brauchst es nur zu aktivieren oder zu erlauben. Und auch in deinem Herzen ist der Himmel mit den Sternen und dem Mond, die Weite und das Gefühl von Freude und nie allein zu sein.

Hawaii findest du in deinem Herzen, und dein Herz ist Hawaii.

Ich bin ein Teil von dir, meine liebe Schwester und Tochter. Ich bin immer in dir. Und wenn du Sehnsucht nach mir hast, dann komm mich in deiner Imagination besuchen und frage mich, ob ich dir helfen kann, dass du mich wirklich besuchen kannst. Es ist aber nicht unbedingt notwendig.

Vermutlich bist du aufgrund einer Lernaufgabe in deine momentane Situation gekommen. Schau also sehr genau hin, was du zu lernen hast, ob du dein Feuer der Wahrheit, Klarheit und Reinheit in deinem Herzen brennen hast, oder ob du stumm bist und Verstecken spielst.

Und lass dein Feuer jedem Menschen und jeder Situation gegenüber leuchten, dann verändern sich meistens auch die äußeren Umstände.

Über Klarheit und Reinheit

Ich empfehle dir, dich mit diesem Thema immer wieder auseinanderzusetzen. Ihr seid so vielen Einflüssen ausgesetzt, dass es schnell mal passiert, dass ihr euch selbst gegenüber unrein handelt, denkt oder empfindet. Hier möchte ich euch auf ein Buch aufmerksam machen, das einmal geschrieben wurde. Es hieß „von Dannen" und war eins meiner Lieblingsgeschichten aus dem Orient. Ihr werdet es nicht kennen, denn ich habe es bei einem Besucher meiner Insel gelesen. Es kommt schon einmal vor, dass ich in das Leben meiner Besucher oder Bewohner hineinschnuppere. Und ich weiß dann sehr genau, wer reinen Herzens ist, und wer mich beleidigt oder mein Reich zerstören wollte, aus Habgier, Eifersucht oder Machtanspruch heraus.

Übrigens, so verhaltet ihr Menschen euch selbst gegenüber, auch in eurem Inneren. Da gibt es diesen reinen Teil in euch, von dem ich euch bereits erzählte. Er ist im Grunde unantastbar und einfach nur zu würdigen und zu heiligen, aber ihr spielt genügend Spiele mit dieser eurer Reinheit, aus vielerlei Gründen, die ich hier jetzt nicht aufzählen möchte. Einige sind bewusst gewählt, aus Gründen des Lernens, einige kommen aus fremden Leben oder Vergangenheiten, und andere kommen aus Besessenheit heraus, damit ist gemeint, dass ihr in diesem Moment nicht klar bei Sinnen seid und jemand anderes diese Situation für sich kontrolliert.

In dem erwähnten Buch geht es um einen Mann aus dem Orient, der seiner Frau und seinen Kindern nichts Gutes wollte. Er war ein verstörter Mann und fragte sich immer wieder nach dem Sinn seines Lebens, nach dem Sinn seines Daseins. Hatte er doch so viel verloren in seinem Leben, das ihm sinnlos erschien. Alle diese Fragen konnte er sich nicht beantworten, und schließlich traf er auf einen Lehrer, einen Meister, der ihm die Gründe für sein Unheil nannte. Diese waren Unklarheit und Unreinheit in seinen Gedanken und Gefühlen dem Leben gegenüber. Nur wenn er sein Reich, das ihm gegeben wurde, ehren und schätzen lernte und alles, was sich in diesem seinen kleinen Universum bewegte, ehren konnte, würde er den Sinn seines Daseins auf Erden erfahren.

Der Mann bemühte sich stetig und wahrhaftig, diesen Ursachen nachzukommen, und würdigte von diesem Moment an sein Sein und sein ihm von Gott gegebenes Reich. Er würdigte auch seine Frau und Kinder, und ehe er sich versah, wusste er um den Ursprung seiner Schlechtigkeiten, seiner Unreinheiten: Er hatte es so gewählt! Die Antwort war klar und unmissverständlich eine harte Lektion, denn er alleine hatte sich dazu entschieden, sich in einen Strudel aus negativen Emotionen und Erlebnissen zu verstricken. Aus Unwissenheit heraus und weil es ihm zum damaligen Zeitpunkt nicht möglich war, Reinheit zu verstehen oder zu würdigen, so, wie er es jetzt tat. Er bettelte sich regelrecht selbst um Vergebung an und schwor sich Besserung und Heilung durch sein eigenes besseres Benehmen.

Eines Tages verblutete der Sohn dieses Mannes an einer gefährlichen Wunde, durch einen Unfall entstanden, und starb in den Armen seines Vaters. Der Mann verstand die Welt und Gott erneut nicht mehr und ermahnte sich selbst, nicht wieder in diesen Strudel zu geraten und bat Gott, er möge ihm helfen, diese Situation heil durchzustehen.

Gott sandte ihm erneut den Lehrer und Meister und blieb bei seiner Meinung, es hätte alles seinen Sinn und wäre gottgewollt, der Mann müsse sich nur entscheiden, ob er das so akzeptieren oder zum Krieger gegen Gott werden wolle.

Der Mann entschloss sich, Gott zu vertrauen, doch er bedauerte auch sehr den Tod seines geliebten Sohnes. Der Mann wurde immer reiner und klarer, denn es umgab ihn eine Aura des Vertrauens, der Innigkeit, mit einem höheren Sinn in seinem Leben, und er stellte sich erneut seinem Leben und fragte sich, was wohl der Sinn und die Aufgabe seines Seins waren, all das zu erleben, das Leid und den Schmerz, die Armut und Krankheit, aber auch die Liebe zu seiner Frau und den Kindern, die atemberaubende Schönheit der Natur. Was in Gottes Namen bedeutete nun seine Existenz, was hatte sie für einen Sinn? Was würde es für einen Sinn haben, geboren zu werden und wieder zu sterben?

Eines Nachts hatte er einen Traum. Er träumte von einem großen Schiff voller Tiere, Menschen und Pflanzen. Sie alle rekelten sich auf dem Schiff, das nicht sonderlich viel Platz bot. Sie alle waren unterwegs auf einer Reise zur Erde. Er spürte und wusste in diesem Traum, dass Gott diese Menschen, Tiere und Pflanzen auf die Erde schickte, um diese zu erkunden, um ihre Schönheit zu erleben und diesen Planeten zu bewohnen, ihn kennenzulernen, und er hoffe, sie alle würden glücklich sein dort, wo er sie alle hinschickte, denn er war besonders stolz auf die Erde, die er erschaffen hatte. Er war besonders stolz auf diese seine Schöpfung. Und Gott liebte seine Schöpfung, die Menschen, Tiere und Pflanzen ebenfalls so sehr, dass er diesen Schöpfungen ein Geschenk reichen wollte, er schenkte ihnen das Paradies, das er erschaffen hatte. Sie durften darauf wohnen, es erleben und erfahren, spüren und sich ausleben, wie sie wollten, und glücklich sein und sollten immer daran denken, dass diese Reise auf der Erde ein Geschenk für sie ist. So gab er diesen Menschen, Tieren und Pflanzen die Freiheit, alles zu tun, was sie tun wollten, sich zu entfalten und auszudrücken, wie sie es wollten und konnten, ohne dass er sich einmischte. Er gab ihnen das Geschenk der Freiheit mit auf den Weg. Jederzeit und immer konnten sie Kontakt haben zu Gott, denn er war unmittelbar unter und in ihnen und um sie herum, genauso gut konnten sie aber auch ihren Erfahrungen und Erlebnissen ohne Gott nachgehen. Es blieb ihnen frei.

In dieser Nacht wachte der Mann glücklich aus seinem Traum auf und schwor sich, nie wieder sein Leben und seine Geschenke anzuzweifeln, die er bekommen hatte. Sah er es doch als Geschenk an, das erleben zu dürfen, was er erlebte, und dankte auch Gott für Krankheiten, wenn er auch in seinen Gedanken wusste, dass er durch die von Gott gegebene Freiheit nach Wegen und Lösungen suchen konnte, um Krankheiten zu bekämpfen oder zu heilen. Und er würde sich Rat bei Gott holen, aufhören zu klagen und das Geschenk seines Lebens und dieser Erfahrung anpacken.

Er begann, seine Erkenntnisse anderen zu erzählen und zu predigen und wurde gehört. Von einigen verachtet, aber von vielen gehört und verstanden. So kam es, dass in diesem Dorf im Orient die Menschen den Glauben und die Hoffnung auf ein besseres Leben selbst in die Hand nahmen und Gott dankbar waren für seine Existenz und für ihre Existenz, sowie für ihre Möglichkeiten und Freiheiten. Sie holten sich immer Rat, Unterstützung und Inspiration bei ihrem Schöpfer.

Das war das Ende der Geschichte. Und es zeigt mir sehr klar, worum es bei Klarheit und Reinheit für euch geht. Nämlich darum, frei zu sein von den Gefühlen, ein Opfer zu sein, hilflos und unsicher, verzweifelt und hoffnungslos, zerrissen und gespalten zu sein. Rein in die Gefühle von Hoffnung, Liebe, Vertrauen, Mut, Unbefangenheit, Lebenslust, Freude, Dankbarkeit und Gnade.

Wie ihr das erreicht, kann ich euch gerne aufzeigen. Es wurden auch hierzu einige interessante Bücher geschrieben, die eure Gaumen im wahrsten Sinne des Wortes kitzeln werden (dort sitzt ein wichtiger Veränderungspunkt beziehungsweise Schlüssel), so, wie es verschiedene Techniken, Methoden, Wahrheiten und Herangehensweisen zur Lösung dieses Themas gibt.

Ich möchte euch Mut machen:

Schöpft Hoffnung, lasst die alten Gefühle einfach los und dann gehen. Trauert nichts und niemandem mehr hinterher, keiner besseren Zeit und keinem schöneren Körper. Keinem Kind und keinem Vater, den ihr nie hattet, keinem verstorbenen Ehemann und keinem Frühling im vergangenen Jahr. Lasst alles ziehen, lasst alles vom Wind hinforttragen. Besucht mich auf Hawaii, und ich werde euch mit meinen Flammen der Klarheit von altem Ballast befreien, ob körperlich, wenn es euch möglich ist, oder in eurer Imagination. Ihr seid herzlich einladen, euch mit mir gemeinsam an eine Veränderung zu wagen.

Lasst die alten Sicherheiten, die ihr wie Steine auf euren Schultern tragt, endlich los. Werft den Ballast von den Schultern, ihr müsst die Schmerzen, den Druck, die Last, die Schuld nicht länger ertragen und tragen. Ihr müsst gar nichts, außer glücklich und aufrichtig, wahrhaftig, verantwortungsvoll (bedeutet gebührend respekt- und würdevoll) liebevoll und offen euch selbst gegenüber werden. Das sind die Sicherheiten, die euch wahren Trost und wahre Hoffnung, wahre Erfüllung schenken werden. Die Trauer, das Alte losgelassen zu haben, wird die schwerste Hürde für euch sein. Doch euch erwartet etwas Neues, eine neue Aufgabe, eine neue Erfahrung, ein neuer Weg, ein neues Erleben. Ihr werdet die Welt mit neuen Augen schauen. Eure Beziehung zum Universum und zur Welt wird eine neue sein und die Hoffnung wieder euer bester Freund werden.

Und wenn ihr es recht bedenkt, so unterliegt alles der Wandlung, dafür war es immer vorgesehen, und es geht immer seinen eigenen Weg. Ihr könnt mitfließen mit eurer eigenen Wandlung und vertrauen, egal, was oder wem, ob euch oder Gott, dass es für euch eine gute Wandlung geben wird, eine tröstende und herausragende. Lasst auch hier wieder die Kontrolle weg. Lasst euch vom Bewusstsein der Veränderung tragen, und seid wie der Wind, schaut, wohin er euch tragen wird.

Lasst die Kontrolle weg, etwas zu wollen. Die Veränderung weiß es besser, denn es gibt ein perfekt organisiertes System im Universum, in dem du dich mit deiner Seele und deinem ganzen universellen Sein befindest, das dir im Zusammenspiel, wenn du dich frei entfalten lässt, ermöglicht, genau das zu erleben, was deine wahren Herzenswünsche sind. Du kannst dieses bewusst mitgestalten, indem du dir in aller Reinheit und Klarheit dieser Wahrheit, aber auch deiner wahren Herzenswünsche bewusst wirst. Um in dein Herz zu kommen, weg von dem kontrollierten Wünschen, empfehle ich dir, die Meditation mit mir und meinen Schwestern zur Aktivierung deiner Herzflamme erneut durchzuführen. Du wirst sehen, es wird dir guttun. Und um dich zu reinigen und zu befreien, folgt nun eine weitere Möglichkeit in Form einer Meditation.

Meditation – Loslassen in meinem Vulkan

Entspanne dich und tue dein Möglichstes, um dich wohl, glücklich und friedlich zu fühlen, an einem Ort deiner Wahl, an dem du dich jetzt befindest.

Besuche mich in deiner Imagination auf meiner Insel und beginne zunächst damit, dich an den weißen Strand am türkisfarbenen Meer als Ausgangspunkt zu begeben. Rufe mich jetzt und bitte mich um meine Anwesenheit und darum, dir zu gestatten, dich in meinem Vulkan von altem Ballast zu befreien.

Siehe nun, wie ich aus dem Wasser steige. Sieh mich als Frau in menschlicher Form oder als Geschöpf aus Lavasteinen, bei dem du nur das Gesicht erahnen kannst.

Ich begrüße dich als meine Tochter oder Schwester, wir drehen uns beide um und blicken direkt auf meinen Vulkan, aus dem bereits heiße rot-orange Lava herausfließt, und es dampft und nebelt überall. Ich bitte dich, mit mir an den Rand des Vulkans zu gehen, du kannst wie ich auf der flüssigen Lava problemlos laufen. Sie tut dir gut, diese Wärme, und vielleicht wird es dir auch zu heiß.

Am Vulkan angekommen, nehme ich dich an die Hand und fliege mit dir nach oben an die Kuppel, wo ich dich am Rand absetze und du in ein Loch mit flüssiger Lava blicken kannst. Es dampft dich an, und es ist sehr heiß.

Ich begebe mich auf die andere Seite des Vulkans, einen Stab in der Hand.

Nun beginne ich zu sprechen und zu rufen:

„Geliebte Schwestern, geliebte Mutter, deine Tochter und Schwester ist heute hierhergekommen, um sich in meinen heiligen Flammen von ihrem Ballast zu befreien. Ich rufe und bitte euch um euren Segen. Möge dieser Ballast auf allen Ebenen ihres Seins, die damit verwoben und verstrickt sind, losgelassen und aufgelöst werden. Spendet ihr neue Kraft und neue Hoffnung. Verbindet sie mit ihrer schöpferischen, uralten, ursprünglichen Weiblichkeit und Göttlichkeit. Ich rufe auch die Engel- und die Seelenfamilie von dieser meiner Tochter und Schwester herbei und bitte darum, dass sich das Tor von Sirius öffnet. Sendet euren Segen an eure Schwester, Tochter und Gefährtin, die hier bereit ist für ein neues Leben mit neuem Lebensmut."

Nun sage ich Worte in einer anderen Sprache, die du nicht verstehst, aber hörst.

Sobald du dich gesegnet und berührt fühlst oder meinst, es ist an der Zeit, dich auf dich zu besinnen, schaust du in deinem Leben nach Gefühlen, Gedanken, Verhaltensmustern oder Erinnerungen, die du gerne abgeben möchtest. Sobald du das Gefühl hast, es ist genug, sprichst du die Worte:

"Mögen die Flammen der Klarheit mich reinigen."

Du springst direkt in die Lava hinein, sei mutig, du wirst nicht verbrennen. Es wird dort sehr warm werden, du wirst zu einem Teil der Lava, alles pulsiert stark neben dir und um dich herum, und du fühlst die starken Kräfte durch dich und an dir wirken. Du merkst, wie dir alles alte Schwere abgenommen wird und schmilzt, und du gibst das ab, was du bereit bist, aus deinem tiefsten Inneren loszulassen.

Stresse dich nicht, lass es geschehen und gib die Erlaubnis, dich zu befreien und zu erneuern. Du fließt mit dem Strom mit, direkt aufs offene Meer hinaus. Dort wirst du dich abkühlen und anschließend vom Meer an den Strand gespült.

Du wirst dich um einiges leichter und befreiter fühlen und entspannst erst einmal am Strand.

Wenn du das Gefühl hast, diese Prozedur wiederholen zu wollen, dann fange wieder damit an, mich zu rufen, und folge dem Ablauf wie zuvor.

Vielleicht entwickelt diese Reise in deiner Imagination sogar eine Eigendynamik, und wir führen Gespräche miteinander, oder ich gebe dir weitere Informationen und Ratschläge. Du kannst dir auch hier für alles so viel Zeit nehmen, wie du möchtest. Lass dich tragen.

Wenn du das Gefühl hast, es ist genug, bleibe ein wenig in der Sonne am Strand liegen und fühle, dass meine Schwestern dich mit ihrer Liebe segnen. Spüre deine Engelfamilie und atme. Atme, liebe Schwester und Tochter, stell dir vor, wie du atmest, und atme wirklich.

Wenn du genug hast, kehre wieder ins Tagesbewusstsein zurück und wisse, dass du auch hier von meinen Schwestern begleitet und behütet wirst.

Wenn es eine sehr intensive Erfahrung für dich war, dann nimm dir jetzt wieder Zeit für dich. Geh spazieren, esse etwas Leichtes, nimm ein Bad oder gehe schwimmen, schlafen – sorge dafür, dass es dir gut geht. Es wird in dir wirken, und du brauchst dem jetzt erst einmal nicht länger nachzugehen. Lass es wirken und in dir nacharbeiten. Gönne dir einige Tage Pause, wenn du das brauchst. Du kannst dir auch Abstand zu diesem Buch gönnen. Nimm dir die Zeit und den Raum, den Platz, alles, was du brauchst, um dich nach diesem Erlebnis mit dir wohlzufühlen.

Sage uns ruhig, wenn es zu heftig wird, und bitte um einen sanfteren Übergang, aber lass es fließen. Sei glücklich damit und verstehe, dass du nun an ein anderes Bewusstsein angedockt wirst und nimm jede Unsicherheit und jedes Ungleichgewicht mit Vertrauen dem Neuen gegenüber an. Vertrauen erzeugst du, indem du mutig bist und es dir erlaubst, mit der Einstellung: Es wird gut gehen!

Und dann kehre irgendwann zurück und lies meine Worte weiter.

Ich bin gerne für dich da!

Kein Weg zu weit

Auf meinen langen Reisen durch Raum und Zeit, durch alle Ebenen des Seins im Universum und in den Existenzen jenseits des Schleiers, wie ihr es nennen würdet, traf ich auf eine zerrüttete Frau, die vollkommen aus ihrer Mitte war. Am liebsten hätte sie sich ihrer selbst entledigt und wäre hinabgestürzt in die Brandung, hätte ihrem Leben ein Ende bereitet, um frei zu sein, so groß war der Wunsch nach Hoffnung, so leicht war das Ziel vor Augen und erreichbar. Und so schwer war es doch, sich bewusst zu machen, was dieses bedeuten würde und für Konsequenzen hätte.

Vielleicht habt ihr euch alle schon einmal vorgestellt, das Leben nach dem Tod wäre eure einzige Lösung und der einzige Weg, um der Hoffnung wieder näherzukommen, die einst in euch schlummerte, ihr den Weg dorthin aber nicht mehr kennt, weil ihr euch verirrt habt. Vielleicht gab es schwerere Zeiten als jene, in denen du dich jetzt befindest.

Und doch frage ich dich, ich, Pele, deine Schwester und Mutter, deine Freundin und Helferin, deren sichtbares Paradies du ewiglich in deinem Herzen trägst, ich frage dich, weshalb du solch einen Grund hast, dir selbst alle Hoffnung auf ein schönes Leben zu nehmen, hast du doch nun verschiedene Werkzeuge und Möglichkeiten bekommen, dein Leben zu bereichern.

Und auch in anderen Büchern steht es geschrieben, in anderen Köpfen der Menschen höre ich die Gedanken und kann sie lesen: Wer bereit ist für eine neue Zeit, für einen neuen Anfang, für eine neue Welt und ein neues Leben, der wird es auch bekommen! Egal, in welchem Alter du bist, es ist nie zu spät, neu anzufangen; es ist nie zu spät, dir deiner Wahrheiten bewusst zu werden, es ist nie zu spät für ein bisschen Zärtlichkeit dir selbst gegenüber, selbst wenn du einsam und verzweifelt in deiner Wohnung oder in deinem Haus sitzt. Und wenn du nichts hast, was dich erfreut, weil du denkst, alleine materieller Reichtum würde dich glücklich machen, oder du keinen Menschen mehr in deiner Familie hast, dann denke daran, dass du nie alleine bist. Du bist es nie. Es gibt unsichtbare Welten, und in diesen Reichen hast du Freunde.

Vielleicht bist du deswegen alleine, weil du dich längst in eine Veränderung hineinbewegt hast vor einiger oder vor langer Zeit, und nun sitzt du auf dem Trockenen, blickst um dich und stellst fest, dass alle Teller leer und unbenutzt sind. Du bist stecken- und stehengeblieben. Du hast dich abgewandt von einer Seite, die du nicht länger erleben wolltest, ob dies eine bewusste oder unbewusste Entscheidung war (vergiss deine Seele nicht, die auch ohne dich Entscheidungen treffen kann, um zu lernen) und bist stehen geblieben. Vor lauter Schrecken. Und in diesem Zustand verweilst du. Vielleicht hast du Angst, nun auf die neue, die andere Seite zuzugehen. Hättest du dich bloß nicht verändert, oder wärest du doch zufrieden gewesen mit dem, was du gehabt hast. Aber du warst nicht glücklich. Oder du konntest das Glück nicht genießen. Ob nun alleine mit dir selbst oder mit einem anderen Menschen. Du warst nicht glücklich. Und hast dich doch nach Glück gesehnt. Deine Seele und dein Herz allein vermögen dir zu sagen, was das wahre Glück für sie bedeutet und was sie wirklich zufrieden und glückselig stimmt.

Es ist an der Zeit, dich dieser neuen, unbekannten Seite zuzuwenden. Hier erwartet dich das Neue. Neue Erkenntnisse, neue Menschen, neue Erfahrungen. Du kannst so lange in dem Wartezustand verweilen, wie du willst. Du kannst sogar erst nach dem Tod damit anfangen, dich der anderen Seite zuzuwenden, und niemand hätte das Recht, dir Vorschriften zu machen, warum, wieso, weshalb du so lange gewartet und so lange Angst gehabt hast, man könnte dir etwas nehmen.

Die Wahrheit ist, das, was du versuchst zu halten, hat sich bereits außerhalb deines Blickwinkels und deiner Sichtweite entfernt. Es ist nicht mehr, wie es war, es hat sich verändert. Du kannst abwarten, ob es jemals wieder zu dir zurückkehrt. Aber es wird nicht mehr in der Form zu dir zurückkehren, wie du es kanntest. Nie mehr. Das kann hart für dich sein, aber auch erlösend. Und tröstlich. Es kann zu dir zurückkommen, aber in veränderter Form.

Und du kannst die Erfahrung als schlanke Frau, die du einst warst, nie mehr so zurückholen, wie du sie erlebt hast. Es ist dazwischen viel Veränderung geschehen, und solltest du wieder zu dieser schlanken Frau werden wollen, dann wirst du eine andere schlanke Frau sein. Du wirst nicht mehr als Zweiundfünfzigjährige den Körper einer Achtzehnjährigen haben, auch wenn du noch so chirurgisch daran arbeitest, diesen ewiglich jugendlichen Zustand aufrechtzuerhalten. Er hat sich verändert, und du solltest ihn in deinem Herzen frei und auf neue Art zu dir zurückkehren lassen. Du denkst so viel über dich und hältst immer noch dasselbe von dir wie vor fünf Jahren. Aber das bist du nicht mehr. Du hast dich längst verändert und solltest dich neu kennenlernen!

Glaube mir, kein Weg ist zu weit oder zu anstrengend, um dich neu wiederzufinden. Es ist ein Segen, es dem Wandel der Natur gleichzutun und darin nicht die Traurigkeit, den Schmerz oder den Tod zu sehen, sondern das Schaffen, das Erwachen, das Sichausweiten und den Fortschritt, sich immer weiter und immer wieder neu entdecken und das Leben neu erleben, als ob du in einem Leben viele Leben erleben könntest.

Und vergiss nicht, es ist ein Geschenk, dies alles zu erleben.

Und was wäre das Leben ohne die Liebe. Was wäre das Leben, ohne anderen Kräften oder Dingen entgegenzuwirken. Ist es doch alles ein Hologramm und eine Matrix. Ehe man sich versieht, ist der Körper bereit, sich wieder der Erde hinzugeben, und du hast deine Zeit nicht genutzt. Du musst keine großartigen Dinge erschaffen und bewirken, du musst die Welt nicht retten, um stolz zu sein, wenn du diese Erde verlässt.

Du solltest ehrlich zu und mit dir sein. Aufrichtig und ehrlich. Dich selbst und andere(s) nicht ausbeuten und benutzen. Du solltest nach Wegen forschen und herausfinden, was dich hierhergetrieben hat und weshalb du diese weite Reise, diesen weiten Weg auf dich genommen hast, um eines Tages mein Paradies kennenzulernen oder um in eine Familie hineingeboren zu werden. Du hattest deine Gründe dafür.

Ich segne dich und dein Kommen, deinen Weg.

Der Segen von Pele

Mein Segen möge auf dich herabstrahlen. Das Paradies auf Erden ist im Bewusstsein und Kollektiv eines Gitternetzes um dich herum verankert. Du kannst dich jederzeit an dieses Bewusstsein anschließen. Empfange nun meinen Segen.

Meine geliebte Schwester und Tochter, in diesen Tagen werde ich dich begleiten und behüten, segnen und beschützen, während des Erwachens - während du durch die Zeit wandelst und dich für meine Worte und das Reich des Lichts öffnest. Alles leuchtet für deinen Empfang, und mein Segen des Paradieses und all seiner Geschöpfe, ob Delfin oder Wal, ob Pflanze oder Stein, ob Papaya oder Sonnenlicht, ist dir gewiss und wird das Paradies in deinem Herzen aktivieren. Folge deiner Sehnsucht, ich bin in deinem Herzen, vom Anbeginn der Zeit, - und werde es immer sein.

Ich spreche nun hawaiianische Worte des Segens.

☆☆☆

Du hast meinen Segen erhalten, gehe deinen Weg voller Mut, Freude, Zuversicht, Dankbarkeit und Hoffnung weiter.

Vom Sterben und der Wiedergeburt *oder* Über den Tod und das Leben danach

Wer sich zu Lebzeiten mit dem Gedanken an das Sterben und den Tod auseinandergesetzt hat, der wird den Augenblick dieser unausweichlichen Erfahrung leichter, aber auch intensiver erfahren.

Viele Menschen setzen sich nicht mit dieser Thematik auseinander, das erlebe ich täglich auf meinen Reisen zu den Besuchern und Bewohnern meiner Insel. Vielleicht ergeht es dir besser und du hast genügend Stabilität und Sensibilität, dich mit diesem Thema auseinanderzusetzen. Vielleicht willst du das aber auch gar nicht, weil du denkst, dein Tod oder DAS liegt noch in weiter Ferne, in weit entfernter Zukunft, und es werden sich dir noch genügend Gelegenheiten bieten, diesem Thema einen gebührenden Platz in deinem Leben einzuräumen.

Ich möchte dich jedoch heute offen mit dem Thema Tod und Sterben konfrontieren.

- Hast du Angst davor zu sterben?
- Hast du jeden Tag gelebt, wie du es wolltest, oder nur so, wie du konntest?
- Hast du jede Sekunde deines Lebens genossen oder nur verstreichen lassen?
- Hast du offene und unerfüllte Wünsche?

- Trägst du in dir den Schmerz über das Kommen und Gehen auf dieser Erde? Wie waren deine bisherigen Erfahrungen mit dem Thema Geburt und Tod? Wie nahe gingen dir diese Erfahrungen und Erlebnisse? Was haben sie mit deinem Herzen gemacht?
- Was fühlst du, wenn ich dich nach dem Sinn von Tod und Wiedergeburt frage?
- Wie stehst du dem Tod deiner eigenen Kinder und Eltern gegenüber? Wie verkraftest und verarbeitest du den Tod deines geliebten Mannes?
- Wer hilft dir, dich wieder aufzurichten, dem Leben ins Gesicht zu blicken und dich in den Sternen nach dem Wohl des Verstorbenen zu erkunden?
- Was glaubst du, hält die Zukunft für dich bereit? Welche Überzeugung hast du tief in dir? Wirst du einsam und alleine sein, verletzt und undankbar, argwöhnisch und missmutig? Oder in Vertrauen, Freude und Hoffnung dieser Veränderung mutig gegenüberstehen?

Stell dir diese Fragen. Die Antworten sind bunt und farbenfroh, schreibe sie für dich auf und komme dann wieder auf meine Zeilen zurück.

Ich wünsche dir, dass du Segen aus deinen Antworten erhältst. Wir kommen und gehen alle einmal. Der eine früher, der andere später. Der eine schneller, der andere langsamer. Auch ich werde eines Tages von dieser Erde gehen, auch wenn meine Zeit noch viele Jahrhunderte in die Zukunft hineinreicht.

Es ist mir ein Anliegen, für dich da zu sein. Lass dich von mir tragen.

Besuche mich und stelle mir Fragen. Teile mit mir deinen Kummer, erzähle mir von den Toden, die du in deinem Inneren bereits gestorben bist, erzähle mir von deinen Kriegserfahrungen. Rede mit mir wie mit einer Freundin, wie du es mit einer Schwester tun würdest. Vertraue dich mir an. Lass dich von all meinen Freunden und Schwestern auffangen, von den Bewohnern des Meeres und den Himmelskräften. Wir alle werden dir mit Rat und Tat zur Seite stehen, dir Informationen geben, wenn du sie hören willst, und deinen Schmerz langsam, aber stetig in eine neue Lebenskraft und Lebensliebe wandeln. Vertraue, dass du diese Informationen empfangen wirst, schon jetzt, nicht erst nach dem Tod.

Wenn du diese Zeilen liest, ist jetzt die Zeit für dich gekommen, dich zurückzulehnen und dich stärken und genesen zu lassen durch das, was wir dir geben können, wenn du es ehrlichen Herzens möchtest.

Dann wirst und kannst du wie der Phönix aus der Asche auferstehen, und die Angst vor der Wandlung wird sich aufgelöst und dir neuen Mut und Lebenslust gespendet haben.

Du brauchst nicht erst in den Himmel einzutreten und dich empfangen zu lassen, um einen Überblick über dein Leben zu bekommen. Die Kraft und den Mut dafür kannst du auch in diesem Augenblick für dein Leben wählen, - und Weisheit, Ausdauer, Kraft und Reinheit werden der Lohn sein und dich aus der Einsamkeit in eine lebensfrohe Gemeinschaft sichtbarer und unsichtbarer Gleichgesinnter und Gefährten führen.

Entscheide du. Ich möchte für dich da sein.

Trau dich, mich um Rat zu fragen. Trau dich, mich zu besuchen und um Unterstützung und Wahrheit zu bitten.

Deine Pele

Über das Paradies

Ich bin die Göttin Pele und heiße dich willkommen in meinem Reich des Meeres, des Paradieses der atemberaubenden Schönheit und des Ursprungs. Aus meinem Herzen heraus trifft dich ein Strahl meiner Begierde und Liebe, meiner Flamme des ewigen Seins.

Auf die Erde herab werde ich deine entfernten Seelenanteile rufen, damit du vollkommen mit ihnen verschmelzen kannst.

Meine geliebte Tochter und Schwester, es ist so leicht für dich, einfach nur glücklich zu sein. Es ist ein Leichtes für dich, in diesem Leben jedem Gras- und Strohhalm glückselig zu vertrauen und ein Lied zu singen von der Glückseligkeit, die immer in deinem Herzen ruht und ewiglich ist.

Dein Paradies auf Erden erschaffst du dir zum Teil selbst. Die Fäden sind gesponnen, du brauchst dich nur mit ihnen zu verbinden, mit den unsichtbaren kosmischen Netzen über euren Köpfen und Dächern, die sich wie feine Lichtlinien über den ganzen Globus hin erstrecken. Zapfe sie an, verbinde dich mit ihnen, werde Teil dieses Netzes, und das Paradies auf Erden ist dein.

Bist du doch in deinem Herzen ein Teil dieses Paradieses, das auferstehen soll und wird und längst in der Gegenwart ruht, nur ihr seid nicht bereit anzuerkennen, dass es bereits vorhanden ist.

Ich sage dir und euch, spinnt eure Netze des Paradieses aus eurem Herzen und verbindet euch mit den Herzen eurer Schwestern und Nachkommen, den reinen Kindern dieser Zeit, die bereits in dieser Paradieswelt leben, sehen, schmecken und riechen, in dieser Welt, in der es keinen Hass und keine Angst mehr gibt. Spinnt eure Fäden, verbindet euch mit uralten Weisen aus dem wahrhaftigen Paradies und werdet eins mit ihren Offenbarungen.

Spinnt ein vollkommenes Netz und dockt euch an bereits vorhandene Gitternetzpunkte an und spinnt weiter, verknüpft alles mit der goldenen Farbe des Paradieses, und Pforten und Tore werden sich für eine bessere, neuere Welt öffnen, die bereits vorhanden ist und euch offensteht, wenn ihr euer Handeln und Verhalten, Denken und Fühlen verändert. Ich ermutige euch dazu!

Habt Mut und steht euren Mann/eure Frau, lacht nicht über die Worte oder über wahnwitzige Argumente, warum ihr es nicht tun solltet.

Erinnert euch an ferne Welten und Zeiten, in denen es nie darum ging, über etwas zu urteilen, sondern der Sache auf den Grund zu gehen. Verfolgt beharrlich eure im Inneren geführten Ziele, auch wenn ihr nicht seht, was diese bedeuten sollen oder für welchen Zweck, für welche Erfüllung sie dienlich sind. Öffnet euer Herz, stetig und immer wieder. Verbindet euch mit eurer heilen Göttlichkeit und schaut, was euch begegnet, schaut, was passiert!

Webt und spinnt eure Netze nach den Wünschen, Träumen, Hoffnungen und nach eurer Liebe in eurem Herzen, und das Paradies wird sich verfestigen, es wird sichtbarer für euch werden, denn es ist da, und ihr nehmt euren Platz darin ein, ihr spinnt euch dort ein in dem kosmischen Gefüge.

Urteilt nicht über das Unterfangen! Geht, lehrt und seht mit dem Herzen, denn nur daraus kann sich das Wahre entwickeln und manifestieren und zeigen als Paradies. Nur durch euer Herz seid ihr in der Lage, das Paradies zu fühlen, zu erfassen und zu beschreiben, denn es existiert bereits auf dieser Erde.

Und ihr spinnt euch in diese Wahrheit hinein.

Vertraut und tut es, es wird euch guttun.

Meditation – Sei eine Weberin

Gestaltet dieses Weben und Spinnen für euch in eurer Imagination und Fantasie, indem ihr euch als heilige Frau und Weberin seht, die goldene Fäden spinnt aus ihrem Herzen heraus ...

und diese über den Globus hin verteilt und die reinen Menschenherzen miteinander verbindet ...

und sich mit dem golden Gitternetz des Paradieses, das bereits auf der Erde existiert, vernetzt ...

und sich mit der nährenden und liebenden Göttin dieser Erde und mit allen Engeln und Wesen des Naturreichs und der Mineralien und Elementen verbindet ...

und weiß, dass sie niemanden verändern wird, aber in ihrer eigenen Welt das Paradies auferstehen lässt ...

und sich mit ihren kosmischen und multidimensionalen Familien verbindet ...

und ihren Körper mit allen diesen Verbindungen verbindet, damit dieser genährt und geheiligt werden kann ...

und weiß, dass sie wahres Glück, wahre Fülle und wahren Reichtum in und aus diesem Paradies erleben kann und wird ...

und weiß, dass der Himmel hier auf Erden existiert und die Engel, himmlische Wesen und Gefährten bereits unter den Menschen weilen, wandeln und handeln. Du merkst, dass es kein Oben und Unten gibt, sondern dass der Himmel, das Paradies, hier auf Erden ist ...

und das goldene göttliche Reich eine Parallelexistenz auf dieser Erde lebt, neben dir und mit dir verwoben ...

und du weißt, du erwachst immer mehr in diese Wahrheit hinein, und deine Wahrnehmungen und Sinne verfeinern sich zunehmend.

Sieh und fühle, was auch immer du fühlst und wahrnimmst.

Empfange, wer und was auch immer dich empfängt.

Ehre und schätze die Gnade, die Tore für dein Leben nun geöffnet zu haben. Es ist hier und jetzt, und es ist immer hier und jetzt.

Empfange den Segen und das Licht, empfange das Himmelreich auf Erden und lass dich empfangen.

Es ist hier und jetzt, und es war immer hier und jetzt.

Höre die Lobgesänge, den Jubel und die Freude.

Und wenn du willst, dann schreite durch das Tor zum Paradies.

Und wenn du nicht kannst, dann zwinge dich nicht, sondern lass geschehen, was geschehen möchte.

Und hab keine Angst davor, abzuheben oder wegzufliegen, sondern bitte darum, dass du dieses Himmelreich auf der Erde in deinem physischen Körper erleben kannst.

Alle Wesenheiten werden ihren Segen und ihr Bewusstsein, wenn du dich dafür geöffnet hast, durch dich, durch dein Herz und deine Liebe und Offenheit in deine bisherige Realität schicken und somit die Welten miteinander verbinden. Lass fließen, so lange und so oft du willst.

Und somit kommt das Paradies für dich durch dich in dein Leben.

Sind die Tore erst einmal geöffnet, seid ihr ein Kanal und ein Schöpfer zugleich für das Paradies. Lasst es stets fließen, wohin es will, lasst es leuchten und euch weiten und öffnen. Lasst es euch nähren und tragen. Lasst es euch lieben, dankbar und heilig sein. Fühlt die Reinheit und Unschuld in eurem Herzen.

Und werdet eins damit.

Mann und Frau

Frauen und Männer mögen sich hassen oder streiten, sich bekriegen und bekämpfen, und doch werden sie immer wieder fasziniert voneinander sein und sich engumschlungen nach einer Gemeinsamkeit, nach einem gemeinsamen Weg sehnen.

Das schöpferische Potenzial sieht vor, dass in der Schöpfung ein Gleichgewicht zwischen Anima und Animus herrscht.

Früher waren in anderen Welten und Zeiten die Seelen der Menschen in sich vereint mit diesen Teilen, und seit der Zeit der Trennung der Geschlechter wird nun eine Wiedervereinigung angestrebt.

Es beginnt in euch. In euch wohnen ein Mann und eine Frau.

Ihr seid eine Frau in dieser Inkarnation, also ist es zunächst wichtig für euch, diese Weiblichkeit, Göttin und Frau kennenzulernen, zu respektieren und zu ehren.

Dabei ist euch der Mann, der euch innewohnt, behilflich. Dieser spiegelt nicht selten euren Partner im Außen, und ihr wundert euch womöglich über den Umgang dieses Partners mit euch als Frau.

Aber fragt einmal den Mann in euch, - Ihr könntet euch dazu auch Hilfe holen durch Methoden wie Aufstellungen oder Ähnliches, - wie er der Frau in euch gegenübersteht.

Wie soll sich der Wunsch nach Einheit und Harmonie, den die Frau in euch trägt, erfüllen, wenn in eurer Brust zwei Herzen schlagen, sich gegenseitig Vorwürfe machen oder gar verschiedene Wege gehen! Vielleicht hast du erlebt, dass du anderen Menschen besser helfen kannst als dir selbst, oder dich viel lieber um andere kümmerst, oder andere Menschen mehr liebst als dich selbst.

Schau dir in einem solchen Fall die Liebesbeziehung zwischen deinem Mann-Sein und deinem Frau-Sein an.

Das ist nichts Neues, es wird dich erstaunen. Aber du hast es noch nicht in die Praxis umgesetzt.

Setzt sich der Mann für dich ein? Ehrt er dich? Oder hat er ein Frauenthema und ist eifersüchtig auf die weibliche Kraft in dir, will er sie gar knechten? Und wie steht es mit deiner inneren Frau? Wie steht sie zu dem Mann in dir? Hat sie Angst vor ihm, hat sie Angst davor, von ihm verlassen zu werden? Ist er flügge und interessiert sich nur für andere Frauen, Themen und Dinge?

Bitte kläre dieses Verhältnis in deinem Inneren.

Erst wenn die beiden in Frieden miteinander in diesem Körper leben und in Liebe und Sehnsucht, in Mut und Vertrauen aufeinander zugehen, miteinander gehen, sich gegenseitig Gutes tun und füreinander die jeweiligen Kräfte und Fähigkeiten einsetzen, kannst du in eine Einheit gehen oder eine Einheit erleben und das Gefühl von Einssein in dir mit dir selbst spüren.

Manchmal sticht die linke oder rechte Körperhälfte, oder eine Seite wird völlig vergessen und braucht Hilfe von der anderen Seite.

Du wirst neue Kraft verspüren, eine neue Harmonie, wenn dir dieses Thema und der Partner in dir nicht mehr gleichgültig sind, du aufhörst zu erwarten oder zu fordern und ihn nimmst, wie er ist, und dich mit ihm oder ihr auf einen gemeinsamen Weg ausrichtest.

Oder behandle dich selbst so, wie du behandelt werden möchtest. Werde dir klar darüber, wie du als Mann die Frau in dir behandelst und/oder umgekehrt.

Ehre deinen Partner in dir und erschaffe ein neues Zusammenwirken, ein neues Glücklichsein und eine neue Gemeinsamkeit.

Dann wird es sich auch in der Wirklichkeit für dich realisieren, denn du hast dein Verhalten geändert und ziehst das Entsprechende an.
Sei dein eigener Spiegel!

Arcturus und Sirius

Die Zivilisationen von Arcturus und Sirius sind euch in dem Punkt voraus, dass sie nicht vergessen haben, wer sie sind, und sich trotzdem, ebenfalls wie ihr, ständig verändern, wachsen, erforschen, erkennen und lernen.

Könnt ihr das glauben, liebe Schwestern und Töchter? Könnt ihr glauben, dass die Wesen der Sterne und der Engelreiche nicht mehr wert und weiter sind als ihr? Ihr habt es bloß vergessen! Wie oft habt ihr schon gelesen, dass ihr von den Sternen und von den Engeln kommt und hier auf der Durchreise seid. Warum glaubt ihr das nicht endlich? Was ist daran so falsch, es zu akzeptieren und sich daraufhin neu auszurichten?

Ich möchte auf eure Verzweiflung eingehen, in dieser materiellen Welt einen „eigenen" Weg gehen zu müssen.

Ihr erinnert euch in eurer Verzweiflung nicht an die Göttin Gaia, an die Mutter Erde, die euch durch ihren Schoß geboren hat. Die euch das Geschenk der Anwesenheit auf ihrem Planeten geschenkt hat. Urteilt nicht über ihre materielle Kraft und Fähigkeit, urteilt nicht über Verfall und Krankheit.

Seht, wie perfekt ihr Geschenk an euch ist. Wie sehr sie euch willkommen geheißen hat, und wie sehr ihr sie liebt, in Anbetracht dessen, dass ihr wahrhaftig gekommen seid, um ganz nah bei ihr zu sein. In Wahrheit ist eure Liebe für ihre Erde so stark, dass ihr als Engel und Sternenwesen ihr in eurer Liebe nahe sein wolltet. Die Möglichkeit, die sie euch durch ihr Sein gibt, etwas zu berühren, materielle Dinge zu erspüren und zu schmecken, zu fühlen und euch einzuverleiben und ein eigenes autonomes System namens Körper zu behausen, ist ihr Wunder, ihr Geschenk an euch. Ihr liebt sie so sehr, ihr wolltet ihr nahe sein. Das ist ein Grund eures Kommens.

Und sie sorgt für euch, wie sie kann.

Alles, was durch Menschenhand erschaffen wurde, trägt entweder dazu bei, sie zu würdigen und dieser Liebe Ausdruck und Ehre zu verleihen, oder sie zu zerstören. Beides ist für sie in Ordnung, denn sie liebt, es sind Erfahrungen, wie sie weiß. Und ihr wisst es auch.

Die Erde ist ein Paradies. Wie soll es in Zukunft auf ihr weitergehen? Wie wollt ihr leben, wie wollt ihr auf und mit ihr leben?

Der Prozess der Veränderung hat sich längst verselbständigt.

Dennoch habt ihr nicht mehr oder weniger Verantwortung für euer Handeln auf der Erde – in eurem Herzen werdet ihr ihre Wandlung miterleben und erfühlen, wohin der Weg der Menschheit geht.

Wichtig ist, dass ihr selbst das Netz des Paradieses neu webt.

Diese Erde ist und war immer ein Paradies. Sie ist und war eine Plattform für wunderbare Erfahrungen.

Nun kommen in rasantem Tempo alle Erinnerungen und das Bewusstsein dessen, was das Paradies ist, zurück, der Himmel auf Erden, die Neue Zeit, wie ihr es bezeichnet. Die Neue Zeit ist wahrhaftig neu, aber nur in dem Punkt, dass die Menschheit in ihrer Evolutionsentwicklung noch nie diesen Frieden erlebt hat, wie er dann sein wird.

Im Grunde aber ist das Neue das Alte, denn es ist das, was war, bevor die Menschheit VERGESSEN hat und blind wurde.

Es öffnen sich alle Tore, das Alte geht, aber im Grunde ist es ein Öffnen für das wahre Alte, Ursprüngliche, denn Vergessenheit, Blindheit und Trennung haben ein Ende. Und das bezeichnet ihr als das Neue.

Es ist nichts Neues, es ist nur im Erleben neu, weil es in dieser materiellen Welt auf der Erde, in dieser Menschheitsevolution, noch nie erlebt und gelebt wurde. Es ist letztlich ein AUFWACHEN.

Und das ist der Aufstieg:
Aufhören zu schlafen und aufwachen.

Sich erinnern und das verkörpern, wer man war, bevor man vergaß.

Sich daran erinnern, dass das Paradies allgegenwärtig ist, der Himmel auf Erden und alle Lichtreiche zusammen. Dass Gott sich wie in einer Supernova bereits längst hier durch alles erstreckt, erstrahlt und erlebt.

Und ihr werdet euch dessen bewusst werden.

Die Parallelwelten klar sehen und das wahrnehmen und erleben können, was längst da ist und immer da war, an jedem Ort, ohne auf eine Wanderung gehen zu müssen.

Was für eine Reise!

Arcturus und Sirius sind, gemeinsam mit anderen, eure Heimatsterne. Sirius bildet das Portal, durch das ihr gekommen seid und das ihr immer wieder bei einer Neugeburt auf der Erde durchschreitet.

Arcturus webte euer Herz und erschuf es für die Erde, und so ist die Reinheit von Arcturus immer in eurem Herzen zu finden.

Die Liebe ist eure Heimat.

Aber nicht die menschliche, irdische Liebe, sondern die göttliche Liebe, die einfach nur Wahrheit, Ursprung und wahrhaftig ist und alles durchwebt und eins mit allem ist.

Ho´oponopono

Die alten und weisen Kulturen auf Hawaii priesen stets die Kraft und Macht der Vergebung, des Verzeihens und der Gnade. Gab es Streit oder Unstimmigkeiten zwischen den Menschen und den Lebewesen, kamen die Ältesten zusammen, berieten sich mit den Ahnen und baten gemeinsam mit den anwesenden Streithähnen (oder jenen, die ein Problem und eine Disharmonie mit einem Thema oder einer Person hatten), um Auflösung und Vergebung.

Der ursprüngliche Zustand von Einfachheit, Harmonie und gegenseitigem Respekt wurde somit wiederhergestellt, und die Götter wussten, dass die Herzen der Menschen von Ehrlichkeit bestimmt waren.

Wer heute um Vergebung bitten möchte, hat es ganz leicht: Seid einfach ehrlich!

Es gibt vielerlei Informationen über Ho´oponopono im Internet oder in Büchern, und doch empfehle ich euch, dahinter zu schauen und euch nicht an feste Regeln und Vorgaben zu hängen, die ihr für etwas, was ihr wollt, aber nicht ehrlich mit eurem Herzen meint oder ausspracht, benutzt.

Das Wesentliche und Wichtige ist das offene, liebende Herz, das fühlt und empfindet, in dem das Feuer lodert und das sich Einfachheit, Harmonie, Glück und Frieden ersehnt.

Sollte es in eurem Leben, meine geliebten Schwestern und Töchter, zu Ungereimtheiten kommen, vergesst die Liebe nicht und lasst euch nicht dazu verleiten, abzuheben.

Versetzt euch in die Lage des Menschen oder des Problems, das ihr habt, und schaut, wie es ihm geht und warum ihr so reagiert. Ihr werdet spüren, dass das Herz in der Brust dieses Menschen oder des Problems nicht weniger schlägt als das eure. Jeden Streit und jeden Verdruss könnt ihr vereinfachen, indem ihr eingesteht, dass es euch leid tut.

Es sollte euch aber wirklich leid tun, etwas getan, oder produziert oder projiziert zu haben. Denn ihr seid Schöpferinnen eurer Realität und des Paradieses.

In einem Paradies gibt es keinen Zorn, sondern Frieden und Harmonie.

Fange damit an, indem du dein Leben betrachtest: Was hast du an Unfrieden miterschaffen? Kehre zurück in den Zustand des Respekts und der Wertschätzung dir selbst gegenüber.

Du kannst es mit Worten beschreiben, die zum Ausdruck bringen, dass du dich liebst.

Es tut dir leid, und du liebst dich.

Aber halte dich nicht an diesen Worten fest, lass fließen, was du sprechen willst. Ich komme auf meine bereits erwähnten Sätze zurück: Sprich es aus. Rede mit dir.

Geht es darum, dir selbst zu verzeihen, oder einem anderen Menschen?

Geht es darum, aufzuhören, negative Stimmungen in deinem Leben zu erzeugen? Erschaffe dein Paradies und verhalte dich so, wie du möchtest, dass es in diesem Paradies aussieht.

Du kannst auch die Worte wählen: Es ist in Ordnung, was ich getan habe, ich entschuldige mich dafür, dass ich es kreiert habe, es tut mir leid, ich respektiere mich und glaube an mich, ich bin wieder mutig und ehrlich, voller Vertrauen und Hoffnung, ich liebe mich.

Schau, welche Worte für dich am besten schwingen und wirklich dem entsprechen, was du dir, diesem Menschen, diesem Thema oder dieser Angst zu sagen hast.

Schlichte den Krieg.

Achte und nimm wahr, was um dich herum geschieht, und welche Menschen dir durch ihr Verhalten etwas über dich zeigen.

Informiere dich im Internet oder in Büchern mehr über

Ho´oponopono und schließe Frieden mit allem in dir, was in dir unharmonisch ist.

Schließe Frieden mit allem und jedem, mit dem du Frieden schließen möchtest, und lebe in Frieden, Harmonie und Glückseligkeit auf dieser Erde, in dieser deiner Gesellschaft.

Die ehrliche Anwendung von Ho´oponopono berührt und beflügelt deine Seele, öffnet dein Herz für das Wesentliche und lässt dich erkennen, dass in jedem Menschen dasselbe Herz schlägt und jede Seele dieselbe Reise macht, nur mit unterschiedlichen Lernaufgaben oder Realitäten. Du erlebst das Wunder der Schöpfung mit, durch diesen Frieden und diesen Segen, der sich einstellt.

Du trägst somit auf eine andere Weise zur Erschaffung und Entstehung des sichtbaren Paradieses bei.

Du hast meinen Segen!

Wunder

Du willst Wunder erleben?

Ich sage dir, du hast sie schon oft erlebt, denn du befindest dich mitten in einem großen Wunder. Durch die Umstände, wie du geboren wurdest und inkarniert bist, dass du Seelengefährten an deiner Seite hast, dass du Liebe leben, erleben und sein kannst, sind Wunder, – ein natürlicher Zustand des Friedens und der Harmonie mit dir selbst und allem, was du erlebst, siehst, wahrnimmst, spürst, schmeckst und empfindest.

Alles-was-ist bietet dir eine grundlegende Basis zur Erschaffung und zum Erleben von Wundern. Du kannst sogar in Wundern baden, wenn du willst.

Es ist dir möglich, dieses zu erleben, wenn du die Kontrolle darüber loslässt, wie ein Wunder auszusehen hat, welches Gesicht es hat, wie es sich dir zeigen soll, welche Bedingungen daran geknüpft sind und was es für dich in deinem Leben bewirken und erzeugen soll.

Wunder geschehen auf wundersame Weise mitten im Geschehen, wenn du dich selbst und dein Leben freigelassen hast von allen Vorstellungen und Kriterien, von allen Regeln und Gesetzen, und dich hineinbegeben hast in den Frieden, in den Glauben und in die Hoffnung auf das selbstverständliche Paradies auf Erden.

Du bist der Beginn von allem. Es beginnt in dir.

Du wirst das Wunder sein, denn du wirst das Paradies sein.

Du wirst dich erinnert haben an alles, was du schon immer warst und die Wahrheiten und den Prozess der göttlichen Liebe in diesem scheinbaren göttlichen Plan erkennen. Du wirst das Licht erkennen und die Dunkelheit segnen. Du wirst dir die Freiheit schenken, unvoreingenommen in Frieden mit allem zu sein, was ist, was dir begegnet und was du erschaffst in der Außenwelt, als Reaktion auf deine Verhaltensmuster, Kreativitäten und Erfahrungen im Umgang mit dir selbst und in den multidimensionalen Räumen.

Hauptsächlich geschehen Wunder dann, wenn du sie am wenigsten erwartest.

Der menschliche Verstand ist so geschaffen, dass er ein Wunder dann, wenn er es am nötigsten hätte, am wenigsten erhält, da er Druck erzeugt und erwartet, dass ein Segen diesen erlöst.

Sicherlich kommt das vor, aber es hat alles mit der jeweiligen Öffnung des Individuums und der Erwartungslosigkeit zu tun.

Es gibt eine Erwartungslosigkeit, die mit negativen Gefühlen wie Misstrauen, Angst und Hass, ja Selbstzweifeln gefüllt ist. Was wird diesem Menschen wohl widerfahren, wenn er sich dem nicht wahrhaftig in Liebe und Freude öffnet? Ihr könnt es erahnen.

Was geschieht aber, wenn du mit Freude dabei bist, wenn du jeden Tag mehr über dich selbst lernst, das Leben aus deinem Herzen heraus genießt und wieder begonnen hast, zu sehen, wer deine Mitmenschen sind und was dir die Außenwelt schenken kann. Wenn du das Leben würdigst, respektierst und es schätzt, als Mensch unter allen anderen zu weilen und deine jetzige, vielleicht unwohlige Situation aus vollem Herzen segnest, kann ein Wunder geschehen.

Es kann, aber es muss nicht.

Es wird von selbst geschehen, wenn du dich dafür öffnest, wenn du dich darin einwebst und den Umgang mit dir selbst, mit Menschen, dem Leben und deinem Umfeld veränderst und das Paradies kreierst. Wenn du freiwillig ein Lachen schenkst, anstatt eins zu erwarten. Wenn du vertraust, ohne etwas zu erwarten. Wenn du dir selbst freies Fließen in Kreativität oder Selbstausdruck, Arbeit und Erschaffen gestaltest, ohne dich dabei zu bewerten oder zu erwarten, es müsste etwas Bestimmtes geschehen. Es ist so viel, und es wird so viel mehr sein, - oder anders, als du erwartest. Lass es fließen, kommen und sein.

Wenn du Menschen begegnest, die trauern, dann schenke ihnen den Segen des Friedens, denn Trauer ist ein wundervolles Geschenk der Reinigung, so lange dieser Mensch durch diese Gefühle hindurchgeht und sie nicht festhält.

Wunder sind dein täglicher Freund und Gefährte, du hast nur verlernt, sie zu sehen und wahrzunehmen.

Du gibst dem Wunder keine Chance, so zu sein, wie es ist, weil du ihm Vorgaben machst, wie es sein sollte.

Nimm in deinem Alltag die kleinen Wunder wieder wahr, dann können auch die großen Wunder folgen.

Frieden und Glückseligkeit in deinem Herzen dir selbst gegenüber, deinem Sein als Mensch und deiner Situation sind der Schlüssel, mit dem du dich für Wunder öffnest.

Es bedeutet, dein Herz für einen leichten und liebevollen Weg zu öffnen.

Wunder sind dein Zuhause. Kannst du dich als Wunder fühlen?

Kannst du dir vorstellen, ein Wunder zu sein?

Manchmal geschehen Wunder, weil die Zeit dafür reif ist.

Die emotionale Reinigung ist ein wichtiger Aspekt eurer Ganzwerdung, wie auch das Einswerden mit allen Anteilen und Aspekten eures Selbst, eures multidimensionalen Seins.

Wunder werden geschehen, wenn ihr lernt, daran zu glauben.

Wenn ihr beginnt zu hoffen, zu glauben und zu vertrauen. Der Glaube versetzt Berge, und Wunder sind eure Freunde. Sie geschehen dann, wenn ihr eure Wünsche aussprecht.

Es bedarf großen Einfühlungsvermögens, sich in die Kraft und das Wesen des Wunders hineinzuversetzen. Doch diejenigen, denen es gelingt, sich im Herzen für das Bewusstsein des Wunders zu öffnen, werden reich beschenkt werden.

Darum möchte ich euch eine kleine Meditation schenken, mit deren Hilfe ihr euch besser in das Wesen und Wirken der Wunder einfühlen könnt.

Meditation – Wunder

Entspanne dich, mach es dir bequem.

Lass die Reise ganz unkompliziert in dir beginnen...

Es ist Herbst.

Du siehst, wie die Bäume beginnen, Früchte zu tragen oder wie ihre Früchte bereits abgetragen und geerntet wurden.

Schau nun in einen Apfelbaum hinein und stell dir vor, du bist ein starker Ast, und an deinem Baum hängen viele rote, köstliche Äpfel.

Du kannst sie nicht mehr lange tragen, so schwer werden sie, und du schüttelst sie ab, gemeinsam mit deinem Laub, denn es wird dir zu schwer, diese Last weiterzutragen.

Die Äpfel fallen auf den Boden, samt den Blättern.

Kinder kommen vorbei und nehmen glücklich von den Äpfeln, und der Wind trägt das Laub hinfort.

Deinen Früchten wurde die Freiheit geschenkt, und genau das ist es, was du mit deinen Wünschen, Sehnsüchten und Hoffnungen tun solltest:

Dann, wenn sie voll ausgereift sind, schüttele sie von dir und schenke ihnen die Freiheit.

Du wirst nun weiterwachsen, und das, was du gegeben hast, kommt auf vielfältige Weise zu dir zurück.

Loslassen ist somit ein wichtiger Schritt, um weiterzuwachsen und Neues, Schönes, Spannendes in dein Leben zu lassen.

Das Brot, das du täglich isst, handelt ebenfalls nach diesem Prinzip des Wunders. Du wirst staunen, aber die Natur beherrscht in ihren Zellen genau dieses Prinzip.

Sie handelt nach dem Prinzip von Wachstum und Loslassen, Ernte und neuem Wachstum.

So vollzieht es sich auch mit Wundern.

Du bist in dir zu dem herangewachsen, was du heute bist.

Schweren Ballast wirfst du von dir, du löst dich von Schmerzen genauso wie von den Dingen, die du dir wünschst und nach denen du dich sehnst, die du erleben willst, und schenkst ihnen die Freiheit.

Du segnest sie wie deine eigenen Kinder und lässt geschehen, was geschehen will. Du denkst nicht krampfhaft daran, sondern fühlst dich in Harmonie mit deinem innersten Kern.

Dadurch hast du wiederum begonnen weiterzuwachsen, und deine Ernte wird unermesslich groß ausfallen, denn du hast ihr und dir selbst die Freiheit geschenkt, sich zu ihrer und dich zu deiner vollen Blüte weiterzuentwickeln.

Scheue dich also nicht davor, loszulassen, was dir lieb ist und was du dir erträumst. So können die Träume für dich Wirklichkeit werden.

Schöpfst du aus den Vollen, so wirst du erhalten, was man dir „versprochen" hat. Du wirst erhalten, was du dir selbst niemals erträumt hast, denn wir wachen über dich, wir beschützen und würdigen dich in deinem Selbst.

Achte auf die Wahl deiner Worte, sie sind dein Heiligtum und dein Gesetz. Sprich immer die Worte aus, die du dir am meisten wünschst und nach denen du dich am meisten sehnst, und lass ab von allem anderen.

Freue dich, denn die Tage sind gezählt, - sie können bereits gezählt werden.

Hab Dank für dein Vertrauen und deinen Mut, wir stehen stets an deiner Seite bis zu deiner vollen Blüte.

Gib Acht auf dein Gesicht und vertraue dem Licht.

Deinen Segen wirst du erhalten.

In vollendeter Blüte erwachen und das Gesicht lachend in die Sonne halten.

Du wirst mein Summen in deinen Ohren vernehmen, unermüdlich werde ich dir zur Seite stehen, bis du bereit bist, zu erwachen, bis du erkennst, welche Schöpferkraft dir innewohnt und dass du selbst deine Welt als Erschaffer und Schöpfer gestalten kannst.

Unermüdlich werde ich dein Herz mit meiner Kraft versorgen, bis du erwachst.

Unermüdlich werde ich dir Worte in dein Herz flüstern, bis du erwachst.

Unermüdlich werden deine Ohren ein Summen vernehmen, das dir meine Anwesenheit und die Kraft meines Feuers verdeutlichen soll.

Unermüdlich helfe ich dir dabei, zu neuen Ufern aufzubrechen und an Wunder zu glauben, an dich selbst zu glauben und selbst das Wunder zu sein.

Unermüdlich werde ich dich aufmuntern, kreativ zu sein.

Unermüdlich werde ich dich aufmuntern, dein Herz zu öffnen und seiner Kraft freien Fluss zu gewähren.

Spüre mein Feuer, wie es für dich brennt und lodert.

Spüre, wie meine Kraft durch dich fließt, in dir brennt und dich verändert, dich öffnet und weitet, dich befreit und dir neues Leben schenkt.

Spüre, wie du vorbereitet wirst für eine neue Geburt.

Leg dich hin, wenn du müde bist, und schlafe.

Sei bereit, das Leben zu erleben, das du dir wünschst.

Es dauert nicht mehr lange, bald hast du es geschafft.

An Indigokinder

Indigokinder sind meine Kinder, sie sind wie etwas, das ich geboren habe. Sie stammen aus meinem Segen. Sie sind aus meiner Feuerkraft geboren und ihr entsprungen.

Sie tragen den Krieger/die Kriegerin in sich, aber auch die Liebende, Weise und Wissende.

Sie vertrauen nur jenen, die ein reines Herz haben, und nur dann, wenn sie mit sich selbst im Reinen sind.

Sie sind nicht steuer- oder lenkbar, sind sie doch sehr überzeugt von dem, wer oder was sie sind, was sie können, wohin sie gehen und was sie erleben wollen.

Indigokinder tragen meine Zellen in sich, die sie wieder aktivieren können, um ein Bewusstseinsreich zu erschaffen, aus dem heraus sie Kraft und Vertrauen, Weisheit und Ausdauer, Durchhaltevermögen und Klarheit erhalten können.

Wir sind ewiglich miteinander verbunden, darum ist es mir auch so wichtig, von ihnen gerufen und gefunden zu werden.

Ihr Indigos!
Vertraut euren Wahrnehmungen! Einige von euch wird es in mein Paradies ziehen, in meine Feuerkraft, wo ihr

euch wiederkennt wie in einem Spiegel.

Darum lasst das Feuer in euch brennen.

Nehmt die Zeichen wahr und haltet euch an euer tiefstes Innerstes, das euch die Richtung weist.

Fülle und Frieden werden euch in eurem Herzen begleiten und auf euch warten, wenn ihr euch in mir als Spiegel wiederentdeckt habt.

Es soll mein Segen an euch sein, euch Kraft zu verleihen, euch stärker an euch selbst und an eure Kraft zu binden, denn ich bin der Spiegel für euer Sein auf der Erde, für das Vertrauen in eure Fähigkeit, das Paradies zu erwecken.

Es ist mir ein Anliegen, euch einen Weg zu zeigen, wie ihr mehr Selbstvertrauen und weniger Selbstzweifel in euch spüren könnt.

Ihr kennt genügend Möglichkeiten, an euch und eurer emotionalen Disharmonie zu arbeiten und zu lernen, euch wieder selbst zu würdigen, mit dem Wissen und der Weisheit, die ihr in euch tragt.

Ich möchte euch gerne einen Weg aufzeigen, der euch mit euch in Verbindung bringt.

Zunächst stellt ihr euch das folgende Zeichen vor, in eurem Aurafeld, in eurem Herzen oder im Scheitelchakra:

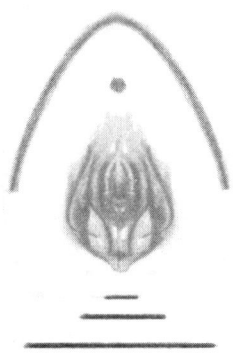

Es zeigt das Feuer auf dreifachem Fundament unter einer geschützten, nach oben gerichteten Sichel, mit einem Punkt als Tor.

Auf dieses Zeichen könnt ihr immer zurückgreifen, es wird euch sofort Kraft geben und euch mit meiner Vulkankraft und meinem Feuer verbinden. Es wandelt euer Drittes Auge. Vielleicht werdet ihr leichte Kopfschmerzen bekommen wie manche Menschen, die mich an meiner Feuerstelle in Hawaii besuchen. Die Veränderung, meine sichtbare lebendige Kraft, „steigt ihnen zu Kopf", da das Feuer verändert und brennt.

Es kann dir helfen, stärker mit dir selbst in Verbindung zu kommen, wenn du es gezielt einsetzt. Aber die Wirkung hängt davon ab, ob die Einstellung, die du zu dir selbst hast, auch wirklich Früchte tragen kann. Wenn du dich vor dir versteckst und nur Seiten an dir lebst, die du vielleicht gar nicht leben willst oder aus Gründen der Flucht lebst, wird es nicht funktionieren. Es hängt viel von dir ab, wie ich auf dich wirke, und wie es auf dich wirkt.

Das ist ähnlich wie mit den Lavasteinen: Nimmst du sie ungefragt mit, ohne eine tiefe, innerliche Verwendung dafür zu haben, die dich positiv mit mehr Lebenskraft und Wahrheit, Freiheit, Klarheit, Respekt und Toleranz erfüllen soll, wird dir die Kraft des Lavasteins entweder Halt geben, oder dich zunehmend darauf aufmerksam machen, dass du einen Weg eingeschlagen hast, der deiner nicht würdig ist.

Wenn es in dir brennt und nicht mehr aufhört zu brennen, dann lass es geschehen. Wird es zu stark, kannst du das Feuer auch mit Wasser löschen, und neues Leben wird in dir entstehen.

Sieh mein Paradies an. Ohne meine Schwester, das Meer, hätte kein Land geschaffen werden können, auf dem Menschen und Tiere leben.

Wenn du in deinem Herzen vor Kraft und Feuer verglühst, lösche deine Sehnsucht nach einem gesegneten Leben, das deiner würdig ist und deinem Seelenauftrag entspricht, durch Wasser. Durch das Wasser des Meeres, eines Sees oder Flusses, durch den Verzehr von Wasser.

Es wird dich reinigen und das Feuer in dir in eine kreative, schöpferische Richtung lenken.

Manche Indigokinder wurden mit diesem Feuer geboren und fühlen sich im Laufe ihres Lebens zum Wasser hingezogen,– oder schrecken davor zurück.

Wasser ist das Element, das euch erlaubt, fruchtbaren Boden zu erschaffen und euch gleichzeitig zu reinigen. Eure Sehnsucht und das Brennen im Herzen können durch das Meer gestillt werden, durch die Weite und Offenheit des Meeres und durch ein Bad im Meer. Auch durch Bewohner des Meeres, wie zum Beispiel Wale und Delfine,– oder ihre Klänge. Tropisches Klima wäre für euch eine gute Seelenheilung.

Aber ihr solltet auf euer Feuer aufpassen, symbolisiert und steht es doch für eure Kraft, euren Antrieb und euer Durchhaltevermögen, wie auch das Wissen um den nächsten Schritt auf dem Weg. Zudem enthält es das Wissen um die Fähigkeit, Ziele zu erreichen und sich immer wieder zu reinigen und zu öffnen. Auch erinnert euch die Flamme stets daran, dass euer Herz und die Liebe das Kostbarste sind, womit ihr euch und der Außenwelt begegnen solltet und könnt. Dort sind das Paradies und das Glück, das ihr fühlt.

Das Feuer hilft euch dabei, euer Drittes Auge zu öffnen oder offenzuhalten an Tagen, an denen ihr geschwächt seid.

Glück

Das Glück ist an eurer Seite, wenn ihr daran glaubt und hofft.

Es ist an eurer Seite und will euch begleiten, es wird und will euer Freund sein wie das Wunder, wenn ihr euch öffnet für seine Wege und Tore und den „Glauben" daran.

Überlege dir einmal, was das Glück fühlen und glauben würde, wäre es ein Mensch wie du.

Wie wäre sein Herz, wie sähe seine Zukunft aus? Was würde es sich für sich selbst wünschen? Wäre es glücklich und zufrieden? Beschreibe, wie du dir das Glück personifiziert vorstellst.

Werde zu diesem Wesen, werde zu diesem Menschen.

Wenn dich etwas daran hindert, dieser Mensch zu sein, dann lies dieses Buch und meine Worte noch einmal.

Viel wichtiger als dieses Buch und meine Worte sind aber, dass du die Hilfe, um die du gebeten hast, annimmst und die Zeit und die Gelegenheit nutzt, offen und zuversichtlich eine Veränderung zuzulassen.

Du brauchst sie nur zu erlauben,– die andere, neue Sichtweise.

Nur erlauben!

Es bedarf nur einer inneren Erlaubnis, dein Herz zu öffnen.

Folge deinen Worten in Taten, und Glück wird folgen.

Glück wird auf deine Worte und deine Gedanken folgen.

Kannst du dir vorstellen, einfach nur glücklich zu sein?

Verbunden mit deiner Sternenfamilie, deiner Engelfamilie, all deinen Aspekten und Anteilen wirst du wieder Glück erleben.

Setze dich mit dem Thema Glück etwas intensiver auseinander. Es gibt viele Schriften darüber, wie man es erlangt. Lies die Bücher, die dich ansprechen, und öffne dich in deinem Herzen, glücklich zu sein.

Es kann nur in dir beginnen.

Sicherlich wird das Außen nicht sofort auf Kommando nur noch deinen Wünschen folgen, wenn du das unter Glück verstehst.

Glück erleben bedeutet, Vertrauen in einen göttlichen

harmonischen Plan zu haben, der einst deinem göttlichen Sein und deinem Herzen entsprungen ist. Denn du bist der Erschaffer und Schöpfer deines Glücks.

Bist du emotional in deinem Herzen noch an anderes gebunden, spürst du Gefühle wie Sorgen, Angst, Hass, Kälte, Härte, Misstrauen und Selbstzweifel? Dann setze dort an.

Wisse, das Glück kann dich nicht verlassen, aber es kann zugeschüttet werden!

Es gibt Kreisläufe im Leben, denen du nur schwer entrinnen kannst, vor allem, wenn du gewisse Vorstellungen und Pläne von Glück und Glücklichsein hast.

Halt inne und beginne damit, dich ganz neu mit diesem Thema auseinanderzusetzen.

Und dann: Teile dein Glück!

Denn Glück ist etwas, das sich vermehrt, wenn du es mit anderen teilst.

Das brauchst du nicht unbedingt im Materiellen zu tun, wenn du die Mittel dafür nicht hast.

Es kommt nur darauf an, was dich in deinem Inneren bewegt.

Schenke ein Lächeln. Schenke deinem Umfeld Sonnenlicht und Glücklichsein, aus deinem Herzen heraus.

Dazu brauchst du nicht wie Jesus zu strahlen oder dir überheblich vorzukommen. Schenke mit dem Wissen, dass dies der natürliche Zustand des menschlichen Seins ist.

Tiere schenken Glück bedingungslos, weil sie nicht bewerten. Genauso Kinder. Tue es ihnen gleich. Aber sei wahrhaftig dabei.

Sicherlich werden dich andere darum beneiden, aber daran kannst du erkennen, dass sie nicht gelernt haben zu teilen, sondern nur zu nehmen.

Wenn du nicht wahrhaft teilen und glücklich sein kannst, dann begib dich auf den Weg, in deinem Innersten wieder glücklich zu werden.

Schau dir alles an, was dich davon abhält, und schiebe es nicht auf das Außen, sondern beginne zunächst bei der Einstellung zu dir selbst.

Meditation – Glück

Mache deinen Kopf frei von allen Erwartungen und Vorstellungen, was Glück und Glücklichsein für dich bedeutet. Verwende hierfür Ho´oponopono oder andere Mittel und Wege, die dir vertraut sind.

Begib dich auf eine innere Reise zum Mittelpunkt der Erde, an einen bestimmten Ort:

Stell dir vor, wie du dort in einer riesigen Amethystkugel stehst, in der ebenfalls das Sonnenlicht scheint.

Lass dich von der Amethystenergie tragen und wandeln.

Nach einiger Zeit findest du dich auf der Oberfläche an meinem Sandstrand auf Hawaii vor dem türkisfarbenen Meerwasser wieder.

Du genießt den Anblick und das Sein, ist dir dieser Ort doch sehr vertraut.

Der Ozean wirft große Wellen an den Strand, und du siehst, wie sich ein Sturm anbahnt.

Der Himmel wird immer schwärzer, und dicke Regenwolken kommen in großer Geschwindigkeit auf dich zu.

Es fängt an zu regnen ...

Aber statt dicker Tropfen regnet es vierblättrige Kleeblätter vom Himmel. Sie tanzen durch die Luft, und du lachst.

Durch eine Lücke im Himmel scheint die Sonne, direkt in dein Herz hinein, während du in diesem Glücksblätterregen eine erfrischende und fröhliche Dusche nimmst. Du drehst dich im Kreis, lachst und tanzt wie ein unbefangenes Kind, und die Sonne wärmt und öffnet dein Herz.

Der Strand und das Meer werden immer mehr von den vielen Kleeblättern zugedeckt.

Es hört auf zu regnen, und die Wolken verziehen sich.

Die Sonne scheint, und du legst dich auf den Teppich aus gefallenen Kleeblättern.

Du fühlst dich so wohl! Als Erinnerung an dieses Glückserlebnis nimmst du dir einige Blätter mit.

Langsam kommst du wieder ins Tagesbewusstsein zurück und verspürst vielleicht den Wunsch, etwas zu tun, zum Beispiel Ho´oponopono oder etwas Kreatives. Oder vielleicht auch nichts. Was immer dir in den Sinn kommt, gehe dem bitte nach!

Wiederhole diese Meditation so oft du willst.

2012

Was bringt es dir, das Ereignis 2012?

Hör auf damit, etwas zu erwarten, und begib dich einfach auf den Weg.

Beginne damit, dich zu wandeln und dein Bestes zu tun, um der Mensch zu sein, der du aus der tiefsten und ehrlichsten Stelle deines Herzens sein möchtest und der deinem Seelenplan entspricht.

Geh nicht blauäugig in die Zukunft und male dir keine utopischen Ereignisse aus. Stell dir nicht vor, wie es sein könnte oder was sein wird, sondern lebe im Hier und Jetzt und frage, welchen Beitrag du schenken kannst, um ein neues menschlicheres Miteinander zu schaffen und ein göttliches und glückliches Leben für dich und die Erde zu erschaffen.

Das Paradies beginnt in dir.

Du bist der Schlüssel. Dein Herz ist der Ausgangspunkt für eine schöne Reise hier auf Erden.

Sei bereit, in die Ewigkeit einzutauchen, und erkunde ihre Kostbarkeiten, ihre Geschenke und ihren Segen.

Sichtbarer und greifbarer wird es für dich dann, wenn

du mit deinem Herzen fühlst und nicht nur mit dem Verstand lebst.

Dein Herz macht die Wunder möglich.

Euer aller Leben ist abhängig vom Schicksal und wird es immer sein.

Doch bist du in der Lage, durch dein Zutun das Rad zu drehen und die Richtung zu verändern.

Auch ich, Pele, hatte Lektionen zu lernen, habe meine Vergangenheit hinter mir, meine Tränen geweint und meine Finsternis durchlebt. Nun bin ich dem Göttlichen nahe, eins mit ihm,– bin vollkommen.

Doch auch für mich ist es an der Zeit, neue Wege zu gehen, Grenzen zu durchschreiten, mich noch mehr zu öffnen und zu weiten.

Zu schenken und zu geben.

Zu vertrauen und gemeinsam zu wachsen.

Einander die Hand zu reichen und sich gegenseitig zu unterstützen.

Und da ich ein Teil deiner Seelenfamilie bin, kehre ich nun zu dir zurück. Mögest du erwachen und selbst dieser

Teil werden, der ich sichtbar für dich bin, immer noch, und die ich mich über die Zeit und die Jahrhunderte hinweg unermüdlich meiner Aufgabe gewidmet habe.

Alle meine geliebten Schwestern und Töchter.
Alle Regelbrecher und Wahrsagerinnen.
Alle gefallenen Engel und Sternenkinder.
Alle Indigokinder und Kriegerinnen.

Alle, die mich in ihrer Tiefe spüren und erspüren.
Alle, die ein Verlangen nach dieser meiner Kraft verspüren und sie besitzen möchten.

Ich bitte und rufe euch alle, in euch selbst zu schauen.

- Welches Lied erklingt in eurem Herzen? Welchem Ruf seid ihr gefolgt, ohne weitergekommen zu sein?
- Welchen Weg habt ihr eingeschlagen und euch dann in der Einsamkeit in eurer Kriegerkraft verirrt?
- Habt ihr das Vertrauen in die Männer oder in andere starke Persönlichkeiten verloren?
- Wurdet ihr verletzt und habt das Schicksal des Verletzens und Verletztseins selbst an eure Kinder, Partner und Freunde weitergegeben?

Erwacht nun zu neuen Ufern! Lasst dies alles hinter euch ...

Erlaubt, neu geboren zu werden. Erlaubt, in eurem Herzen neu geboren zu werden, meine geliebten Schwestern und Töchter. Es ist an der Zeit, einen neuen Weg zu gehen. Und da spreche ich aus meiner eigenen Erfahrung, aus meinem eigenen Weg als vollkommene Göttin des Feuers.

Jetzt ist die Zeit, und sie war es bereits, euch heute für einen anderen Weg zu entscheiden.

Seht eure Zukunft, wie ihr sie in eurem Herzen wahrhaft sehen und erleben wollt. Sucht den Zugang zu eurem Herzen.

Meine Feuerkraft wird euch begleiten, euch zur Verfügung stehen und für euch brennen.

2012 wird eine neue Bewusstseinsenergie hereinbringen, die auch mir zugute kommt, auch wenn es hauptsächlich um den Wandel geht.

Den Wandel in eurem Herzen zum wahren Menschen, zur Frau und Tochter, zum Kind und Wesen des Herzens, der Wahrheit, Reinheit, Klarheit, des Mutes, der Kreativität, der bewussten Schöpferkraft und des Miteinanders.

Bitte, macht keine Alleingänge mehr. Ihr werdet nicht weit kommen, wenn ihr das Leben, die Mitmenschen, die Tiere und das Materielle,– alles, was euch eure Schwester und Mutter Gaia zur Verfügung gestellt hat, von eurem Glück ausschließt.

Bestraft diese Wesen nicht, verurteilt sie nicht, sondern geht mit ihnen in Liebe, in echtem Vertrauen und echter Wertfreiheit aus dem Herzen heraus um, dann könnt ihr erkennen, wer sie wirklich sind.

Ich schicke dir den Duft meiner Blumen und der Schönheit Hawaiis. Ich schenke dir einen Blumenkranz, Lei, aus weißen Plumeriablüten, als Zeichen meiner Wertschätzung und Liebe.

Fühle dich von mir eingeladen, willkommen und glücklich zu sein.

Jetzt und morgen, später und in einer anderen Zeit.

Fühle, dass du auf einer Reise bist.

Meditation – Reise in die Zeit nach 2012

Diese Reise wird eine geheimnisvolle Reise.
Sie repräsentiert alles, was du dir für dieses Leben vorgenommen hast. Du siehst die Vergangenheit an dir vorbeiziehen und spürst, dass es zu einem Wandel gekommen ist und kommen wird.

Alles, was du erlebtest in deinem Leben, diente diesem Zweck - zu erwachen und dich an dein Glück zu erinnern, an deine Kraft als Schöpferin, die EINS ist mit allem, was sie ausmacht.

Alle Menschen, alle Engel und Meister, alle Tiere und Naturwesen, alle Begegnungen mit Gott im Innen und im Außen bereiteten dich vor und wandelten dich, halfen dir und unterstützten dich dabei, zu erwachen.

Du erinnerst dich daran, wie du vor Anbeginn der Zeit beschlossen hast, mit allen deinen Brüdern und Schwestern auf die Erde zu kommen, um das Leben zu LIEBEN und zu feiern.

Du erinnerst dich daran, wie groß die Liebe zu Lady Gaia war, und als wie wunderbar ihr diese Schöpfung empfunden habt.

Du erhieltest das Geschenk des Lebens von ihr und Möglichkeiten und Wege, die Liebe auf ihr zu leben und deinem innersten Sein und Wesen auf ihr Ausdruck zu verleihen.

Vielleicht bist du sogar gekommen, um das Bewusstsein der Liebe deiner Heimatfamilie von den Sternen oder den Engelreichen auf die Erde zu bringen und es Lady Gaia zum Geschenk zu machen.

Wähle in deiner Vorstellung einen Ort auf dieser Welt und verbinde dich mit deiner Ursprungsfamilie.

Stell dir vor, es ist 2012, - und du weißt, es geht bei diesem Ereignis nur um die Menschlichkeit, den Frieden und die Harmonie, die neue, gemeinsam geteilte und erlebte Lebensfreude, Fülle und Leichtigkeit, die in vielen Menschen und im Massenbewusstsein immer mehr erwacht.

Und du bist mit deinem Denken und Fühlen, Verhalten und SEIN ein Schlüssel dafür. Du bist kein Weltenretter, sondern ein Freund des Lebens und ein Bruder/eine Schwester der Schöpfung.

Deine Ursprungsfamilie, deine Seelenfamilie oder/ und Sternenfamilie und alles, was du bist und woher du kommst, du und deine Seele – du brauchst es gar nicht zu wissen – schickt dir jetzt ihren Segen und ihre Liebe. Du öffnest dein Herz und spürst, wie es durch dich fließt, wie das Zuhause, dein Zuhause IN DIR VEREINT ist.

Du schickst diese Liebe und diesen Segen durch deine sieben Chakren und durch alle weiteren Chakren und Körper, die dir bekannt sind, wie zum Beispiel Kausalkörper oder Omega– und Alphachakra.

Dann siehst du noch einmal bewusst die Liebe in deinem Herzen und in dem deiner Familie und sprichst den Segen aus:

„Liebe Erde, liebe Lady Gaia, liebes Leben auf der Erde.

Ich segne dich mit dem Strahl meiner Herkunft. Meine Sonne und Liebe leuchten für dich, und ich danke dir unendlich für deine Fülle, deinen Reichtum, deine Geschenke, dein Leben und alles, was du mir ermöglicht hast."

Schicke den Strahl bis tief in den Mittelpunkt der Erde, durch alle Kontinente, und verankere diesen Liebesstrahl auf der Erde.

Die Kodes, Strukturen und das Licht deines Zuhauses sowie andere Informationen werden nun in der Erde als Liebesgeschenk gespeichert.

Dein Zuhause ist hier.

Und es ist jetzt.

Sei zu Hause und sei selig.

Lebe dein Leben weiter und wisse, dass du ein Schöpfer bist, ausgestattet mit Fähigkeiten und Talenten, und es nicht darum geht, diese zu bewerten, sondern ihnen einfach Ausdruck zu verleihen.

2013 geht das Leben weiter.

Es wird sich bis dahin politisch und wirtschaftlich viel verändert haben, wie kann es auch anders sein – ihr schreitet in eurer Entwicklung immer weiter voran. Für viele wird es einen Neuanfang geben.

Das Alte wird nicht mehr bestehen, und somit kommt es darauf an, ob ihr offen seid, das Neue einfließen zu lassen und es zu erleben. Am Leben teilzuhaben und es mitgestalten zu wollen.

Wie auch immer, der Unterschied liegt in der Bewusstseinserhöhung der Menschheit und des Planeten Erde. Daher wird das Leben noch leichter, beschwingter und schneller sein als jetzt. Es wird familiärer sein, multidimensionaler und friedvoller.

Aber du brauchst nicht darauf zu warten.

Lebe es jetzt!

SEI DU SELBST!

Von Herzen, im Namen der Liebe.

ICH BIN PELE

Und deine Reise geht weiter…

Buchempfehlungen

Ammon, Eva-Maria:
Ancient-Master-Healing, Smaragd Verlag

Brewer, Anne:
Zwölfstrang-DNS, Hans Nietsch Verlag

Caroll, Lee:
Die Reise nach Hause, Koha Verlag

Kensington, Ella:
Die 7 Botschaften unserer Seele , Ernst Lenz Musikverlag

Kenyon, Tom:
Das Manuskript der Magdalena, Koha Verlag

MA´al:
Das Licht des Christus, Hans Nietsch Verlag

Solara:
Die Legende von Altazar, Christa Falk Verlag

Solara:
EL AN RA. Die Heilung von Orion, Christa Falk Verlag

Kontakt

www.ateya.de
info@ateya.de

- Die Kunst des Herzens
- Begegnungen und Gespräche mit Pele in Einzelsitzungen
- Workshops zum Erwachen mit Pele

Sylvia Morawe
Das Praxishandbuch der Maria Magdalena für gelebte Liebe heute
280 Seiten, A5, gebunden, mit Leseband
ISBN 978-3-941-363-09-0

Eine besondere und eigenwillige Ergänzung zu allen Titeln, die bisher zum Thema Maria Magdalena erschienen sind. Die Welt befindet sich im Umbruch und findet den Weg zurück ins Gefühl, ins Herz. Maria Magdalena, die fühlende Matrix, zeigt uns aus der Einheit mit Jesus Christus den Weg nach innen, in unser Selbst. Denn die Einheit in uns – die göttliche Einheit von Männlich und Weiblich und die heilige Dreieinigkeit von Vater-Mutter-Kind in uns selbst – ist der Schlüssel für unser Paradies auf Erden. Und so werden wir auf liebevolle Weise eingeladen, den Ausgleich von männlicher und weiblicher Energie in uns selbst zu vollziehen.

Elke Fahrenheim
Ein Hauch von Göttlichkeit
256 Seiten, A5, broschiert
ISBN 978-3-941363-07-6

Die sieben Erzengel sowie Lichtwesen aus dem Elfen- und Feenreich möchten die göttliche Liebe wieder auf die Erde bringen und in den Herzen der Menschen verankern. Um diese bedingungslose Liebe fühlbar werden zu lassen, ließen sie in alle Texte ihre hohe Schwingung und ihre Liebe mit einfließen. Mit Hilfe der Kraft heilsamer Bilder werden wir durch verschiedene Meditationen in den heiligen Raum in uns geführt, wo wir unsere Ganzheit, die Liebe und unsere Schöpferkraft (wieder)finden. Lass dich nach Hause führen: zu dir selbst und zu Gott in dir!

Birgit Maria und Peter Niedner
Das Buch der bedingungslosen Liebe
336 Seiten, A5, gebunden, mit Leseband
ISBN 978-3-941363-03-8

„Wir reden nicht über die Liebe zwischen Mann und Frau. Nicht über die Liebe, die zwei Menschen sich begehren lässt. Wir reden über weitaus mehr. Wir reden über Gott. Wir reden darüber, wie man Gott in sein Leben integriert, wie man ihn lebt." (Metatron)
Und wie dieses im Alltag ganz praktisch geschehen kann, bringen uns Metatron und Jesus in liebevollen und doch sehr eindringlichen Worten nahe:
„Und sollten dir Menschen begegnen, die nicht freundlich sind, dann lass dich nicht aus deiner Ruhe bringen, sondern wisse, auch sie sind Kinder Gottes, auch sie haben dieses leuchtende Licht in ihrem Herzen und aus bestimmten Gründen in diesem Moment gewählt, es nicht nach außen zu tragen, es nicht leben zu wollen... Aber du bist wissend. Und so schenke ihnen DEIN Leuchten."

Michaela Ghisletta
Ticket für den Aufstieg
Mit Volldampf in die Neue Energie
152 Seiten, A5, broschiert
ISBN 978-3-941363-06-9

Viele unserer Gaben sind verschüttet und überdeckt von Ängsten, Schuldzuweisungen, Wut, Schocks und alten Gedankenmustern. Jetzt ist es an der Zeit, alle diese Blockaden aufzulösen – jeder in seinem eigenen Tempo. Meditationen und Rituale sind dabei hilfreiche Begleiter.
In den letzten Jahren bis 2012 braucht die Erde Menschen, die bereit sind, diese Schritte zu gehen, aktiv mitzuarbeiten und ihre Lebensaufgabe hier auf der Erde wahrzunehmen und in die Tat umzusetzen.
„Ticket für den Aufstieg" ist also der Fahrschein – nicht der Freischein – für den bevorstehenden Wandel, der letztlich nichts anderes ist als eine Reise zu sich selbst und in das eigene Herz.

Pamela Bessel
Du bist göttlich, benimm dich auch so!
360 Seiten, A5, gebunden, mit Leseband
ISBN 978-3-941363-08-3

Die Autorin vereint Wissenschaft und Spiritualität in einer leicht zu verstehenden Art und Weise, sodass man dieses Buch auch als Betriebsanleitung für das Leben im Hier und Jetzt bezeichnen könnte. Das Symbol auf dem Cover, das sich auch im Inneren des Buches wiederfindet, ist ein Heilzeichen (Keta), das ausgeschnitten und getragen werden kann. Es wurde uns von der Geistigen Welt geschenkt und dient dazu, unsere eigene Göttlichkeit zu erkennen und zu leben.
Lassen Sie sich über ihr Leben auf der Erde aufklären, damit Ihr göttliches Bewusstsein langsam erwachen kann und Sie wieder Liebe, Vollkommenheit und das „Einssein mit Allem-was-ist" in sich spüren.

Christiane Tenner
Seth – Die sieben kosmischen Tugenden
224 Seiten, broschiert
ISBN 978-3-941363-04-5

Die sieben kosmischen Tugenden sind Orientierungspunkte für alle, die in ihrem Bewusstsein wachsen wollen, und gehören zu den Werkzeugen, die der Menschheit von den Weisen dieser Erde und den feinstofflichen Ebenen gereicht wurden, um Bewusstseinszustände zu erweitern.
Seth begleitet uns auf dem Weg in ein anderes, neues Bewusstsein. Verschiedene Aspekte des Menschen kommen jetzt in die Entwicklung, um sich der veränderten Schwingung der Erde anzupassen. Und so lädt Seth uns ein, wieder einen Fokus zu finden und unserem Leben eine neue, klare Ausrichtung zu geben. Dabei lässt er uns auch an einigen seiner vergangenen Leben teilhaben, die er einst als inkarnierter Mensch gelebt hat.

Eva-Maria Ammon
Lady Rowena – Die Kraft der Göttin in dir
Ein Heilungsbuch
248 Seiten, A5, broschiert
ISBN 978-3-938489-43-7

Lady Rowena erinnert uns an unsere enge Verbundenheit mit Mutter Erde (Gaia), der Göttin (weiblicher Anteil der Quelle), den Kristallen und dem Universum.
Sie zeigt uns mit ihrer liebevollen Energie den Weg, wie wir das Heilsein und die Ganzheit in unser Leben integrieren und in Liebe Heilung in das Leben eines jeden bringen können.
Ein Praxis-Heilungsbuch für die Zeit der Weiblichkeit in jedem Menschen, die auf unserer Erde geschunden und verraten wurde und in uns allen neu erwachen will, damit Frieden, Liebe und Licht auf der Erde zur Wahrheit werden.

Petra Aiana Freese
Lady Portia – Die Kräfte der neuen Weiblichkeit
144 Seiten, A 5, broschiert
ISBN 978-3-938489-53-6

Auf Grund ihrer tiefen Liebe zur vollkommenen Schöpfung und der Großen Göttin macht uns die Aufgestiegene Meisterin Lady Portia ein Konzept zum Geschenk, mit dem wir uns als vollständige und freudvolle Wesen der Großen Göttin kennen, verstehen und lieben lernen, indem wir die vier Aspekte in uns leben und lieben: Die Priesterin, die Lehrerin, die Heilerin und die Kriegerin.
Mit ihrer Hilfe gelingt es, uns als Frauen klar und neu zu definieren und somit auch das mannigfaltige Leid unserer Ahninnen und das von Gaia zu heilen.
Und daher wünscht sie sich, dass auch Männer dieses Buch lesen und umsetzen, wenn sie bereit sind, sich auf ihre weibliche Seite einzulassen.

Margit Steiner
Lady Nada - Aktivierung der inneren Heilkraft
Rituale für den Alltag
104 Seiten, A5, gebunden, mit Lesebändchen
ISBN 978-3-938489-71-0

Lady Nada, Meisterin der Lebensfreude und Hingabe, hilft uns, unsere tiefe, innere Weiblichkeit zu erkennen und zu unserer inneren Urkraft zu gelangen, damit das Bild der inneren, heilen Frau, die wir gerne sein möchten, Teil unserer Persönlichkeit werden kann. Durch die Verankerung dieses vollkommenen Wesens tief in unserem Herzen legen wir den Grundstein zu einem glücklichen und erfüllten Leben.
Einfache Rituale (auch für Kinder), Meditationen und Übungen, die die Autorin alle selbst im Alltag ausprobiert hat, helfen uns, mit Leichtigkeit aus den Mustern und Erfahrungen unserer Vergangenheit auszusteigen.

Eva-Maria Ammon
Delfin-Kristallpalast-Ermächtigung
Arbeitsbuch zur Selbsteinweihung
240 Seiten, gebunden, mit Leseband
ISBN 978-3-938489-92-5

Herzlich Willkommen zu den wundervollen Einweihungen in die Delfin-Kristallpalast-Ermächtigung aus und in Lemuria. Jede einzelne Einweihung führt dich tief in deine inneren, lichtvollen Welten und an dein tiefstes Kraftpotenzial. Mit jeder weiteren Einweihung wirst du tiefer mit der leichten und kraftvollen Energie der Delfine, Walwesen, Feen und Elfen der Meere verbunden und vertrauter mit den Ebenen des Siriussystems, von dem wir einst unsere erste Reise zur Erde antraten.
Erhebe dich in deine Kristallpalastermächtigung und bereite den Weg, damit Lemuria auf Erden und in jedem Menschen in die Heimat zurückkehren kann.

Margit Steiner
2012 hat gestern begonnen
Selbsteinweihung für den Aufstieg
120 Seiten, gebunden, mit Leseband
ISBN 978-3-938489-90-1

Schon seit einiger Zeit geistert das Jahr 2012 durch die Energiearbeit. Für die Autorin selbst ist 2012 keine Jahreszahl, sondern ein Energieereignis, das längst begonnen hat. Durch die Prozesse der Selbsteinweihungen schaffen wir den Energieraum, den wir für unseren Aufstieg brauchen und unterstützen so unsere körperliche, geistige und seelische Entwicklung. Durch die einzelnen Übungen und Weihen wird die Transformationen in Gang gesetzt, die sich im Alltag durch unsere Handlungen verstärken. Heilung geschieht sozusagen „von selbst", da jeder – immer und überall – alleine an sich und für sich arbeiten kann.

CD Ava Minatti
Avalon und der Artusweg
Altes Wissen für die Neue Zeit
Meditationen
2 CDs, Lauflänge ca. 120 Minuten
ISBN 978-3-941363-13-7

Ausgewählte Meditationen aus dem Buch „Avalon und der Artusweg" lassen uns das Licht von Avalon erfahren und unterstützen uns bei unseren Begegnungen mit Vivianne, Morgana, Merlin, den Kraftorten Avebury und Stonehenge und dem Heiligen Gral. So offenbaren sich uns die Erinnerungen an unser wahres Wesen und die Wurzeln unseres ureigenen Seins – eine weitere Chance für Selbsterkenntnis. Der Artusweg ist der Weg zurück nach Avalon – zurück nach Hause.